ちくま新書

近代中国史

岡本隆司
Okamoto Takashi

1019

近代中国史【目次】

中国全土図

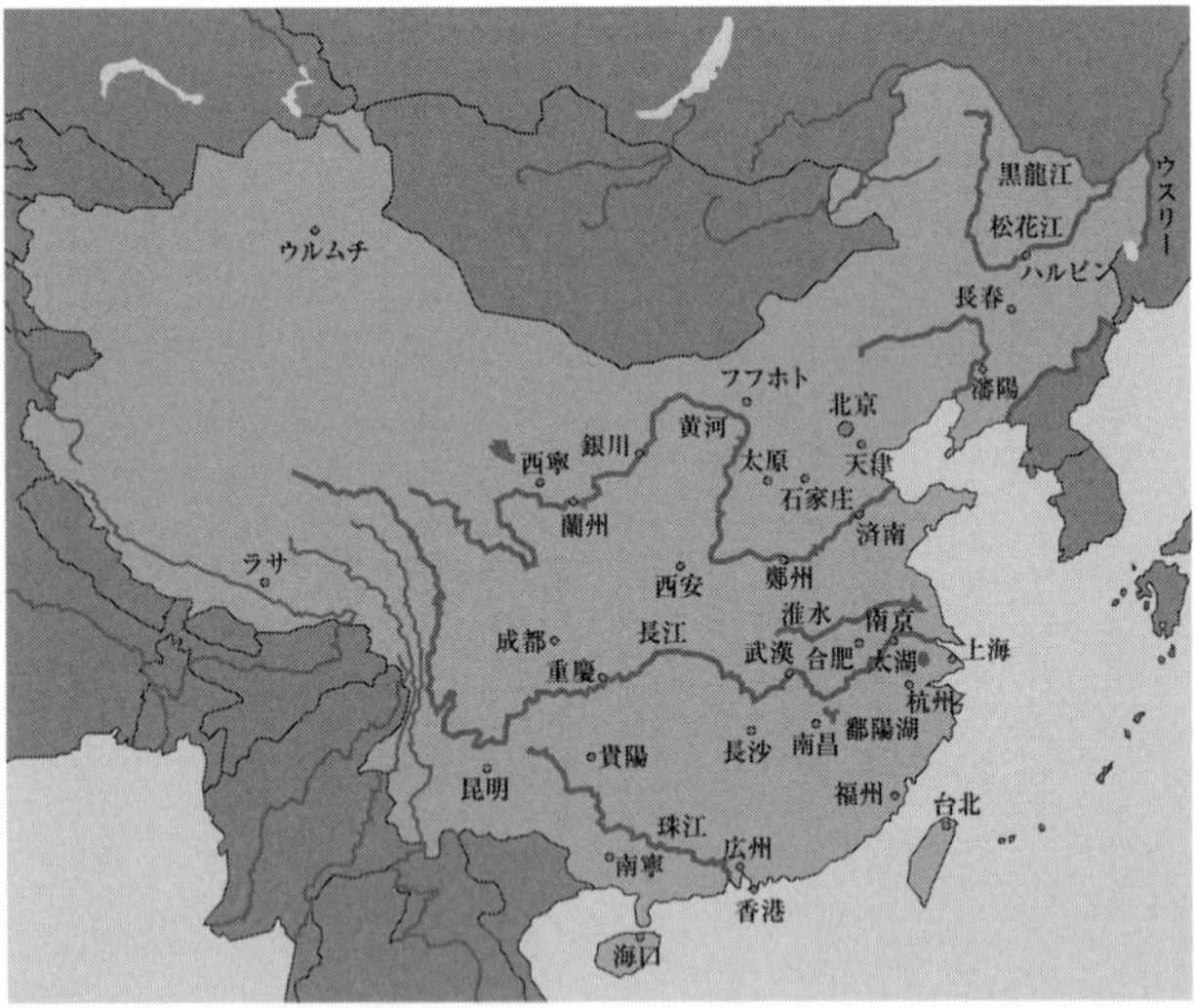

ウルムチ
黒龍江
松花江
ウスリー
ハルビン
長春
瀋陽
フフホト
北京
黄河
銀川
西寧
太原
天津
石家庄
蘭州
済南
ラサ
西安
鄭州
淮水
南京
成都
長江
武漢
合肥
太湖
上海
重慶
杭州
長沙
南昌
鄱陽湖
貴陽
昆明
福州
台北
珠江
広州
南寧
香港
海口

プロローグ——中国経済と近代中国史

†成長と謎の中国経済

経済史は社会科学の女王である。（Allen, *Global Economic History*）

「社会科学」が不可解な人間事象を解きほぐすものだとすれば、「グローバル経済史」を語るこの命題は、なかんずく中国にこそふさわしい。中国の謎は経済に極まり、それを知る鍵が歴史にあるからである。

たとえば「保八」ということばがある。最低でも実質八％の経済成長を維持する、という目標を設定した中国政府の経済政策の通称であり、その企図や実績はかねてより話題になってきた。二〇一二年度はその目標値をつとに下方修正し、結果としても、どうやら達成不可能になりそうだけれども、それまでおおむね一〇%前後の成長率を誇っていたのである。

これほどの高度成長を実現した中国経済は、一衣帯水の近くにある日本にも多大の影響を及ぼしている。中国は二〇〇九年の数値で、日本にとって第一位の貿易相手であり、われわれの生活に深く入りこんで久しい。

輸入の大きなものでいえば、中国産のタケノコは八九%、落花生七四%、ハマグリ九二%、ウナギ六〇%、割り箸九七%。衣料品も点数で計えると、中国への依存は八五%を超過する。二〇〇七年の数字だが、家電製品もDVD・レコーダーは七九%、電気カミソリ七四%、掃除機六五%、電話機五一%をはじめ、中国《メイド・イン・チャイナ》製が席巻しているといっていい。

中国は「世界の工場」である。中国製品といわれても、見分けがつかないことも少なくない。欧米や日本のブランド品も、部品の多くは中国で生産され、組み立てられているからである。中国製の部品をまったく使わない製品をみつけるほうが難しい。

日中の人的交流も活潑である。二〇一〇年に日本は百四十万人あまりの観光客と八万六千人の留学生を中国から受け入れた。日本からは三百七十万人あまりが観光やビジネスで中国を訪れ、一万七千人近くの留学生が学んでいる。東日本大震災や尖閣問題の影響で変動はあっても、長期的な趨勢として重大な転換を迎えた様子はなおみえない。

このように高度成長をつづけ、関係を深める中国経済に関する著述は、実務から学問にいたるまで、汗牛充棟ただならぬありさま。それだけ中国経済に対する関心が高いわけだが、それは、よくわからない、という意味でもある。

そもそも「保八」にしても、なぜ八％なのか、どうしてその数字を維持しなくてはならないのか。八％を下回ると、社会の安定が損なわれる、という説明もあって、それはそれでわからなくはない。ではなぜ、そんな社会になっているのか。それはどうやってできたのか。そんなことを考えはじめると、中国経済は謎だらけである。

†異形の経済

中国の高度成長には、外国資本の果たした役割が大きい。昨年は「反日」の影響で外資が逃避し、兆していた経済の減速に拍車がかかった。なぜ外資にそれほどのプレゼンスがあるのか。それはいつから始まり、どこに由来するのか。

日本で経済成長といえば、「ものづくり」であり、技術開発である。「世界の工場」となった中国でも、もちろん製造業が盛んではあるけれども、創意工夫を旨とし、先端技術を競う「ものづくり」を中国で想像することはおよそできない。自前の技術だと言い張って運行をはじめた中国版新幹線・高速鉄道は、その好例である。

そこからすぐ連想するのは、技術やパテント、あるいは著作権を尊重しない態度であり、いわゆる「パクリ」や海賊版が横行する現状も、その根源は同じだろう。それでどうして高度成長が可能だったのか。日本人の感覚では、どうにもわかりにくい。

日本の経済成長は、いわゆる官民一体ですすんだ。経済事業には政府が深くコミットし、企業も個人もお上を信じ、頼ってきた。法令規則にも従順である。いまもそれはかわらない。たとえば年金が近年、重大な問題になっているのは、そうした態度の裏返しである。

それに比べて、中国はどうか。中国共産党の「改革開放」路線が、官民一体だったであろうか。日本のように、民間の事業・生活を支援するのに、政府あげて関わった、という事例は多くあるまい。

民間の側もそうである。社会保障でいえば、最近の都市部は変わってきたが、病気も老後も自分で何とかする、という考え方がずっと一般的だった。なればこそ、民間セーフティネットの発達が著しい。お上をあてにしないのが中国人なのである。

お上に頼らない、とは、お上のいうことを聴かない、法を遵守しないことをも意味する。そのため経済活動でもトラブル、犯罪が頻発してきた。日本で同じ現象はあっても、数・規模ははるかに中国がまさっており、因果関係や社会環境は、どうみても同一視できない。

さらに日本人に想像しがたいのが、いわゆる格差の大きさであろう。日本も格差が問題となって久しいけれども、中国に比べれば、およそ物の数ではない。一方で高級外車を乗りまわし、海外高級ブランドを買いあさる、とてつもない富裕層がいると思えば、他方では出稼ぎで職も見つからずに窮迫を強いられる、おびただしい貧困大衆も存在する。

それは地方の間でもいえることである。二〇一〇年の一人あたり年間GDPは、上海が一万ドルあまり、貴州は二千ドル足らずで、五倍以上の懸隔があった。平均値でこれほどなのだから、現実はもっとひどい。日本と同じく「格差」といっては、誤解する恐れさえあろう。では、その根源はいったいどこにあるのだろうか。

†中国を理解するために

われわれはかように異形の経済世界と隣り合わせにいる。自らの常識では理解不能な相手と、否応なくつきあっていかねばならない。

経済というと何やら難しく聞こえるけれども、じつは日々の暮らしで、われわれ自身も参加実践していることであって、要するに、社会の動きの一部をなす。だから経済の動き方をさぐるには、その社会のしくみを知らなくてはならない。社会を知るには、その来歴を考える必要がある。つまり中国経済の理解には、中国社会の歴史が前提として欠かせない。

名刺をもらい、ひとわたり話をしたところで、相手の人物がわかるだろうか。その人を手早く知りたいなら、生い立ち・近況をたずねるのが普通である。現状とは過去の蓄積、到達点だからであって、「就活」・人事でも必ず履歴書を準備しなくてはならない。だとすれば、現状の分析だけでは、あたかも目前で対話しているばかり。中国と向き合う日本人にいまもっとも必要なのは、中国経済の履歴書なのではなかろうか。

本書はそんな履歴書のデッサン、名づけて『近代中国史』という。「近代」とは現在の状態に直接つながる過去の謂で、中国経済が由来する来し方を語る構造史にほかならない。現状に対する理論分析・計量分析だけでは必ずしも見えてこない中国社会のしくみと中国経済の動きを、およそ六百年にわたる歴史のなかで考えてみたいと思う。

人々が悲喜こもごも暮らす社会は、やはり生き物である。だとすれば中国の社会にも、棲息する場所・環境があり、個体の性質があり、生態活動があるはずで、それを知るための生理学もなくてはならない。『近代中国史』という履歴書を描くことは、それをつきつめる試みであり、中国そのものを深く理解する手がかりにもなる。そう信じて、筆をすすめよう。

Ⅰ ステージ──環境と経済

stage

運河の石橋（出所：星斌夫『大運河──中国の漕運』近藤出版社、1971年）

1　自然環境と開発の歴史

†中国という世界

中国は巨大な大陸国家である。自然環境のありようは当然、島国たる日本と同じではない。

あたりまえのことである。日本列島といい、中国大陸という。しかし経済を考えるとき、われわれは案外、このあたりまえを忘れがちではなかろうか。

経済活動はほかのいかなる事象にもまして、人為が自然にはたらきかける部分が大きい。また逆に、自然に規制されるものでもある。異なる自然環境であれば、経済のありようも異なってこよう。そこで中国の経済史をみるにあたっては、まず日本とはかけ離れた中国の自然地理と生態環境を知っておかなくてはならない。

そうはいっても、われわれが「中国」とよぶ地理的・空間的な範囲は、人・時・場合によってまちまちである。さしあたって、その範囲を決めねばならない。

ここでは、万里の長城以南、黄海・東シナ海より西、南シナ海の北、青海・チベット高原より東としよう。ちょうど、欧米人がチャイナ・プロパーと呼ぶところにあたる。そこを中心にしつつ、必要に応じて、隣接の地方にも説き及んでゆきたい。

このように範囲を区切ったのは、その内外で生態系と生活様式が隔たっているからである。長城より北は、遊牧・狩猟で暮らす草原あるいは森林地帯であり、東・南の果ては海洋で、陸地はそこでつきる。西も険しい山脈・高原で、交通さえ不便だった。その内側で、農耕を発達させてきた世界が、「中国」という範囲にほかならない。

その範囲内の地勢は、いわば西高東低、だから河川はおおむね東流し、北の黄河と南の長江がそれを代表する。こんな巨大な川は、日本にもヨーロッパにも存在しない。この二大河川によってできた広大な平原こそ、中国経済史の主要舞台なのであり、逆にいえば、中国経済の展開は、あくまでこの舞台設定が前提をなす。これだけでも、中国の経済を日本・西洋と同一の尺度で考えることはできない。

同じ東方向に流れるから、同一河川の上流と下流は、同じ緯度帯、類似した気候域に含まれる。河川が違えば、それも同じではなくなり、生態系も著しく異なる。北の黄河流域と南の長江流域とでは、経済の環境・条件、そして動向がまるで違っていて、その中間を流れる淮水《わいすい》が、ほぼその境界をなす。それぞれの特徴をおさえつつ、時代を追ってゆこう。

†黄河と黄土

五千メートルを超す青海省の高山に源を発し、華北で四千八百キロに及ぶ河流を形成するのが、黄河である。上で限定した「中国」の範囲と密接な関わりをもつのは、その中下流域、まず支流である渭水に沿う関中盆地、その渭水との合流点付近で黄河が屈曲し、東に向かった先に、これまた支流の洛水沿いからひろがる地方、それからさらに東流し山地を出てから、渤海に注ぐまでの平原である。

これらは雨量が少ないことで共通する。最も多いところでさえ、日本の三分の一にも満たない。しかも夏季・秋季に集中し、年による変動が激しい。春夏の旱魃と夏秋の大雨をたえず恐れなくてはならなかった。

くわえて、黄河の氾濫が頻発した。降水が一定しないために、河水の流量も安定せず、しかもその六割は泥がしめ、年に十六億トンもの土砂を吐き出す、という河川であったからである。とくに鄭州の西北、峡谷部から平原に出た地点で、流速をゆるめ土砂を河床に堆積させて天井川となり、有史以来、何度もその流路を大きく変えてきた。

歴代の王朝政権も浚渫《しゅんせつ》、堤防の構築、決壊の補修をくりかえし、莫大な労力と費用をつぎこんだけれども、人力では十分な対策は不可能だった。そもそも河北の平原が、そんなたび重なる氾濫のすえにできた沖積平野なのであって、すこぶる厳しい自然だといえよう。

そんな黄河が運ぶ土砂といえば、有名な黄土である。その成分は必ずしも、かつていわれたほど「肥沃」ではなかったことが、近年の研究で明らかになった。

黄土層の形成する大地は、人が居住しはじめた時期には、鬱蒼とした森林に覆われていたとともに、より広大な草原もあった。この森林を切り開き、草原で家畜を飼育することで、双方を施肥しつつ農地にしていった。「肥沃」な黄土とは、人為的に肥沃化されたものだったのである。

そうした農地化の進展が、森林の濫伐《らんばつ》と草木の消尽をもたらし、黄河の氾濫をいっそう重大にした。黄河文明の昔から、連綿と続いたその歴史の結果が、現在の森林を蕩尽《とうじん》した景観である。その被覆率は多くとも、一割にすぎない。

†黄河流域の灌漑

黄河本流をコントロールできない以上、人々が農耕を営んだ生活空間は、必然的に黄河に注ぎ込む支流の流域となる。そこで主要な支流とその分水嶺に沿った形で、経済的なまとまりができあがった。

その区域はおよそ、三つに大別できる。渭水が流れる関中盆地、洛水流域の洛陽盆地とその周辺。そして、河北平原に出て太行山脈に沿う地方である。政治的なブロックも、おおむねそれに沿って形成されてきた。さらに細かく、淮水流域や現在の山西省などを分けて考えることも可能である。いずれも河川域のまとまりであることにかわりはない。

そうした土地で家畜を養いながら、黍《きび》・粟《あわ》・麦・豆などを栽培収穫する、というのが、いまも続く華北農民の暮らしである。もとより降水の少ない気候条件は、容易なものではない。酷寒の台地に降った雪を集め、春の発芽期に少しでも水分の足しにするなど、その忍耐強い労働は、こうした厳しい環境に由来する。そこで必要となるのが灌漑《かんがい》だった。

典型的なのは関中盆地である。中心は長安という都市で、漢・唐という中国史上屈指の統一王朝がいずれも国都にした。そのため、国都が抱える官僚・軍隊など厖大な人口を養わなくてはならない。お膝下の農地開発をゆるがせにできなかったのである。たび重なる大規模な灌漑事業で、紀元前の漢の時代は、国富の六割を関中が占めるとも称せられた。

そのため権力の側も、そうした大規模工事を可能とする労働力を、すぐに編成できる体制を整えておかねばならなかった。同じことは、黄河本流の治水にもいえる。このような事情から、漢から唐までの支配は人民から直接に労働力を徴発する制度を根幹としていた。

しかし、いかに灌漑を施し、農地をひろげようとも、またどれほど技術が向上し、生産が増えても、ひとたび天候不順になれば、凶作はまぬかれない。いな、生産性が高まって平時に多くの人口が養える分、有事にさいしてのダメージは、それだけいっそう大きくなってしまう。

局地的に食糧困難になれば、流民が発生する。運輸事情のよくない昔であればあるほど、凶作地に大量の穀物をとりよせるのは難しいからであり、むしろ人のほうが、食を求めて移動した。

庶民・流民にかぎらない。王朝政府そのものが、周囲の食糧事情が悪化したために、移動することもしばしばだった。繁栄した首都の長安をしばしば離れた、唐朝政権はその典型である。長安を抱える関中盆地は、もはや開発増産の限界に近づいていたからである。

食糧を入手するため、人が動くのではなく、穀物をとりよせる。それを常時、円滑に実行するには、穀倉地帯の開発、交通・運輸の改善など、新たな条件がなくてはならない。それがそろったとき、中国の経済は次の段階に入る。

端的にいえば、南方の開発進展と比重増大であり、黄河流域が経済の中心だった世界は、唐代にはもはや過去のものとなっていた。そこで、長江流域に目を転じる必要がある。

†長江と江南世界

全長六千三百キロ、チベット高原北東部・黄河の源流とさほど隔たらないところから流れ出す長江は、いうまでもなく中国最大最長の河川である。

流水量は中国全河川の四〇%近くにのぼり、当然そのエネルギーも巨大であって、運搬する土砂は年間六億トン。土砂の量はもとより黄河に及ばないけれども、有史以後も河口に広大なデルタ地帯を形成した。中国第一の都市上海は、唐代にはまだ海の底だったし、対岸の崇明島も、明代になってようやく現代の形になったものである。もって、その雄大な沖積《ちゆうせき》作用を知ることができよう。

この巨大な河川は、しかしおとなしい印象がある。黄河ほど氾濫したり、流路を変えたりしないからであり、それは黄河とちがって、流域の地形が複雑で、中下域に多くの湖沼が存在するからである。中国最大級の湖、洞庭湖《どうていこ》・鄱陽湖《はようこ》もその例にもれず、さながら天然のダムのように、長江の水位を調節する機能をはたしてきた。そのため水位が安定し、本流と支流をくみあわせた交通路として水運を利用できるのも、長江水系の特徴である。

黄河流域が雨量の少ない乾燥気候で、日本人にはむしろ違和感のある自然環境なのに対し、こちらはなじみのある世界である。日本列島と同じモンスーン地帯に属し、年間の降水量は千五百ミリをこえ、平均気温も一五度を上回る高温多湿の気候で、したがって植生・生態系も、華北よりはるかに日本に近い。こうした長江流域およびそれ以南を、ここでは江南とよぼう。

日本に類似する自然条件なのだから、江南の農耕が日本と同じ水稲栽培であるのも、みやすい道理であろう。中国の古代文明は、黄河文明ばかりではない。稲作にもとづく文明が、江南にも発生展開しており、両者同等のレベルに達していた時期さえあると見られる。

しかしその江南文明が、黄河流域の文明に劣るようになったことは、否定しがたい。江南は北方に対抗しつつも、経済力がささえる人口・武力・文化、そしてそれらを総合した政治力で、けっきょくは圧倒され、従属せざるをえない歴史を歩んできた。

中華とはあくまで黄河流域のことであって、「江南」とはその中華からみた一地方の名称にすぎない。秦漢の統一にいたる中国古代史とは、そういう固定観念ができあがるプロセスでもあった。

†江南の開発

それは黄河流域の開発と経済の伸張が先んじ、長江流域のそれが遅れたことを意味する。逆にいえば、後者にはそれだけ、まだ開発の余地があるわけであり、人口稀薄で未開地のひろがる江南の開発と経済の発展が、以後の歴史の主旋律となった。中国経済史とは一面、江南開発の歴史だといいかえることもできる。

もちろん黄河流域の開発増産が絶えたはずはないし、それを無視してよいわけもない。しかしそれは遅くとも、一〇世紀までにほぼ限界に近づき、以後は相対的な地位を低下させていった。その間に開発がすすんだ江南は、やがて経済力で華北を凌駕《りょうが》し、中国経済史の主役に躍り出る。

したがって一口に「江南の開発」といっても、上古からずっと行われてきた通時代的現象であるから、それだけでは十分ではない。その具体的な開発地のちがい・時期の前後をみきわめ、段階の区分を施す必要があろう。そしてそれには、絶えず大きな影響を及ぼした華北との関係をみなくてはならない。

すでに述べたとおり、江南は稲作地帯である。だから、その開発はまず、水稲栽培の普及と生産性の向上が指標となる。初期にはその農法は、北方の記録に、たとえば「火耕《かこうすい》水耨《どう》」と称せられた。原始的・粗放なものをふくむのは、字面から一目瞭然ではあろう。

もっとも、それが次の段階にふみだすのはいつか、よくわかっていない。政治史との関連でいえば、三世紀の後漢末・呉の建国あたりは、ひとつの画期になるし、百年ほど後の晋朝の南渡も、大きな画期とみなせる。華北から多くの移民をともなっていたからである。以後の中国は「三国六朝」とよぶ、四百年にわたる南北分立の時代に入った。江南の開発がすすみ、その経済力で長期にわたり、華北に対立する政権を支えつづけたわけである。

その中心は一貫して、現在の南京周辺にあった。三国呉と六朝政権の首都がおかれた地であり、そこの開発がもっとも進展したことは想像にかたくない。やや高い扇状地であり、中原から逃れてきた人々も、身につけていた技術で開発しやすいところだったのであろう。

この時期には、俗に江南デルタとよばれる、海に近い長江河口の低湿地の開発は、あまりすすんでいない。塩潮の進入をふせいで、湿地を水田にするだけの技術は、まだ存在しなかったのである。

それでも四百年の間に培《つちか》った江南の経済力は、もはや無視できなくなっていた。南北の分立を克服し、中国を統一した隋が、長江水系の水運を利用して大運河を開削し、江南を首都に結びつけたのは、そうした趨勢の必然的な結果である。

江南デルタの開発は、時代がくだってようやく本格化し、一〇世紀あたりにいっそう加速する。塩潮進入をふせぐ護岸堤を築き、最も土地の低い太湖の水を海に排出する水路を開削、その周辺にクリークを縦横にめぐらせて、湿地の水と土を分離し、稲作地にしたてていった。かくて江南デルタは、一面の水田地帯と化してゆく。

江南の開発史はこれで終わったわけではない。さらに時を経ると、なお未開地にひとしかった長江中流域、あるいは支流の流域にも、開発の手が及んで、人口も増えてくる。

こうして江南も、黄河流域と同じように、河川域でそれぞれまとまりに分かれて、現在の省とその境界を形づくった。現在も湖南を「湘《しょう》」、江西を「贛《かん》」というように、長江の支流名を地方・省の別称とするのは、その間の事情をよくあらわしていよう。

†外界との関係

ここまで開発と生産をみてきたけれども、もちろんそれだけで、経済活動はなりたたない。生産はつねに、消費市場の存在を前提とする。南北が大運河で結びつけられたこと自体が、そうした事情を雄弁に物語っていよう。

宋代の江南デルタは、当時「蘇湖熟すれば天下足る」といわれた。直訳すれば、太湖ぞい蘇州・湖州附近の水田地帯が豊作ならば、政府の食糧は十分になる、ということである。江南デルタの開発・生産は自給目的ではなく、消費市場の需要に供給するものだったわけで、その水稲栽培が「人類史最初の巨大モノカルチャー」だと評されるのもうなづける。そこに商業が勃興する契機もひそんでいた。

華北と江南の間はもとより、それぞれを構成する内部の諸地方の間でも、商業は日常的に営まれた。それも時代によって異同・消長があり、その動向が生産それ自体をも特徴づける。そのため、南北の中核地だけをみていてはならない。その開発や経済発展を左右する外界との接触と交渉も重要である。中核地に隣接し、外界との橋渡しをする、いわば外郭的な地方がそこで注目に値する。

華北でいえば、まず関中盆地につながる甘粛回廊。山岳と砂漠で交通困難な西方で、かろうじて外界との通路をなすオアシス地帯である。いわゆるシルクロードの出入口にあたり、古来もっとも大口の貿易取引相手だった西域、つまり中央アジア・西アジア世界と華北の中核地をむすびつけてきた。その地の利を生かして、この狭隘な地に独立政権が建てられたことも、しばしばである。

洛陽盆地周辺は、その北に直接する現在の山西省の地方がその要衝をなす。また河北平原は、黄河北岸から長城線まで、ほぼ交通の障碍《しょうがい》がない。いずれも、長城以北の遊牧国家との関係がきわめて密接である。

そもそも中国史・東洋史とは、遊牧世界と農耕世界の共生・相剋がその大部分をしめており、経済史もやはりその例にもれない。これも中国を日本・西洋と同じ尺度で測れないゆえんである。遊牧社会は必要な牧草地と物資を求め、季節の変化に応じて移動をくりかえすから、隣接する農耕社会の華北にも、その影響が季節ごとに訪れる。平和時には貿易取引、さもなくば掠奪・戦争という形で、遊牧民との関係をとりむすんできた。

だから軍事的・政治的にも、その現場が重要になる。史上しばしば、山西省や河北省の地方が独立して、大きな存在感を示したのも、あるいは長城に近い北京が歴代王朝の首都になったのも、遊牧世界と隣接する、地政学的に要衝の位置を占めるからである。

†南北の対外関係

これに対し、江南のほうは長江の水系が主要地方を結びつけており、水運が主となる。南京周辺・江南デルタはもとより、中流の安徽・江西・湖北・湖南、上流の四川、いずれもそうである。

そこで忘れてはならないのは、この水系からはずれた地方である。河川でいえば、珠《しゅ》江《こう》・閩江《びんこう》・銭塘江《せんとうこう》の流域であり、現在の省でいえば、それぞれ広東広西・福建・浙江省である。このうち浙江省は、説明を加えておかねばならない。銭塘江（浙江）の東西で地勢が異なるからである。西側は低地で、長江河口地方の一部をなしている。この地方を史上「浙西」といい、この語で江南デルタそのものを指した。長江水系からはずれた地方というなら、それは「浙東」のほうである。

これらに共通するのは、いずれも海に面し、良港に恵まれていることである。広州・福州・廈門《アモイ》・寧波《ニンポー》などがすぐ思い浮かぶ。しかも隔絶孤立してはいない。江南デルタにほど近い浙東はもちろん、ほかの地方も分水嶺を越えれば、長江の流域と連絡が可能である。

つまりこれらの地方は、海洋を通じて海外諸国との関係が深く、なおかつそれを江南の中核地とつなぐ役割を担っていた。海上貿易はその典型であって、時代が下るにつれ、江南の開発・発展と密接な関わりをもつことが顕著になる。もちろん日本も、そうした貿易相手の例にもれない。

外界との関係が重大だったのは、何も経済ばかりに限らない。政治・軍事・文化いずれも、そうである。そもそもの自然環境からして、乾燥気候の華北は草原世界と、湿潤気候の江南は海洋世界と親和的だとみることさえ可能だ。

だとすれば、華北は江南よりむしろ北と、江南は華北よりも南との結びつきが、いっそう強いはずであり、華北と江南が一体なのがあるべき中国だ、と思うのは、ステロタイプで誤解を招きやすい先入観、さもなくば、政治色の強いイデオロギーなのかもしれない。

中国の政治的・経済的な対内的統合の欲求・機運はつねにありながら、それがときに成就し、ときに挫折したのは、対外的な関係と相互作用がそれをうながし、あるいはさまたげる駆動力となってきたからである。それが中国史を通じた動向であり、二〇世紀に入っても、また目前の中国においても、やはり真理である。

清朝滅亡後の中華民国時代、中国の統一が難しかったのも、そうした歴史的所産であった。毛沢東時代の中華人民共和国は、対外経済とほとんど断絶したがゆえに、国内の統合をはたしえた、といっても過言ではない。
そして現在、「改革開放」で各地が外との結びつきを強めるために、中国の統合が揺らぐ可能性があって、いよいよ政治的思想的な統制を強化せざるを得なくなっている、というわけである。昨今の「反日」も、その余波・一環だといえるのかもしれない。

2 人口動態と聚落形態

†人口の中国史

以上はおおむね空間的な概観である。経済は人間の営みであるので、こうした経済空間に暮らした人々の動態を、いっそう問題にしなければならない。そこでまずみておきたいのは、人口の動きである。

図表1は一九五〇年までの人口を、およそ百年ごとの粗いグラフにしたものである。多くは史書の「戸籍」にもとづく数値や推計だから、王朝政府の利害にもとづく把握数、ご

図表１　人口動態と時代区分

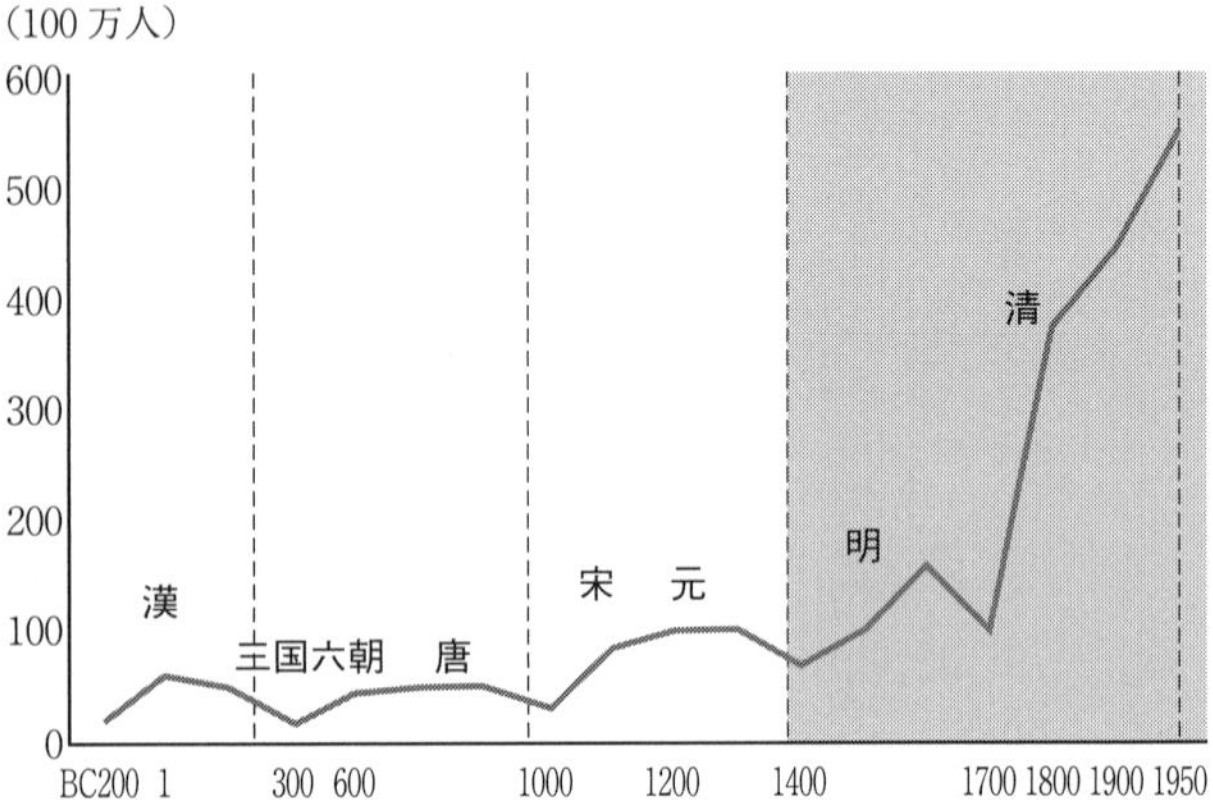

く雑多なデータの寄せ集めにほかならない。

根拠になる資料そのものが、今日的な見地で信用できないので、このグラフも正しい数値を出そうとしたものではない。おおまかな傾向・トレンドを一目瞭然に視覚してほしい目的にすぎず、それだけなら、重大な誤りにはならないと信じる。

まず秦の統一以来、伸長してきた人口は紀元前後にひとつのピークをむかえ、その後、紀元前後・前漢末の戦乱で減少し、二世紀にふたたび同じレベルまでもちなおした。史料の数字では、その最大の人口規模は、およそ六千万といわれる。

これが三世紀に激減した。いわゆる「三国志」の時代であり、それから漢代の人口規模に回復するのに、八世紀の唐の玄宗朝までかかっている。その後、人口は戦乱でまたもや減少に転じたが、九世紀には五千万の推計があって、唐代平時の人口キャパシティは、量的には漢代とほぼ同じくらいと思しい。

一〇世紀・唐末五代の戦乱でまたもや減った人口は、一一世紀以後、宋代に迎えた平和のなか、それまでの水準をこえて増加した。この趨勢はモンゴル帝国の時期まで継続する。規模としては唐代の倍近く、九千万と推計されている。

その人口はふたたび、一四世紀に激減する。時期としてはちょうど、モンゴル帝国が崩潰し、明朝が成立するあたりである。一五世紀には回復基調に入り、一六世紀に宋元時代の水準を凌駕した。一億六千万の推計値がある。

もっとも、この数字は安定しなかった。一七世紀になると、また激減を迎えたからである。それが明清交代の騒乱時代にほかならない。一億弱にまで減った人口は、一八世紀以後、平和を回復した清朝のもと、四倍の爆発的な増加をへて、清末民国・一九世紀から二〇世紀前半にその動きが鈍化する。

こうした長期的な人口変動は、中国の伝統的な史観でいう王朝交代・「一治一乱」の現象に重なりあう。騒乱のなかから、社会を安定させる力量をもつ勢力・政権・王朝が勝ち抜いて、中国を支配し、長期の平和を実現する。そこで人口も増加する。やがて内外の矛盾が蓄積されて、王朝末期には騒乱が起こり、死亡率は急激に上昇、王朝政権もそのなかで亡んでゆく。要するに、人口増減の動きだけみれば、漢末三国・唐宋・元明・明清という王朝隆替のサイクルにほとんどひとしい。確かに通例の中国史の、断代史的な叙述とあまりかわらないようにみえる。

けれどもここで着目すべきは、そのサイクルを経るたびに、人口の規模が更新、拡大しているところにある。ここに「一治一乱」・王朝政権の交代という政治的な視角にとどまらない、社会経済史的な分析をおよぼす余地があり、ここまでの論旨とも大いに関わってくる。

†人口変動と時期区分——一四世紀まで

そのようにみた場合、中国の歴史はだいたい五つの時期に分けることが可能である。

その第一は、漢代から二世紀まで、人口の最大収容量が六千万だった時期である。この時期には、灌漑水利と農具の改良・蓄力の利用などの普及で、華北が大きく経済成長をとげた。ごく大まかに整理すれば、開発のすすんだ華北が、人口の大半を養っていた時代だった、ということである。

それが変化するのは三世紀。以後はローマ帝国の解体にみられるように、世界史的にも動乱の時代である。その根本的な動因が気象の寒冷化にあることも、つとに指摘されてきた。中国も例外ではない。既成の方式で従前と同じ規模の人口を許容、維持できなくなった。戦乱という名の人口調節が不可避だったわけで、四百年にわたり中国を統一してきた漢王朝も、そのなかで滅んでゆく。

そこで人々が求めた活路が、江南の開発であった。三国六朝にはじまり、唐末五代十国の十世紀にいたるまで、いわゆる中国の「分裂」、南北の並立と二元化が、以後の歴史の基調をなすのも、江南の開発とその経済発展に起因している。

この間に南北を統一したのは隋唐で、一時的に漢代なみの人口規模を回復している。しかしながらその内容は、同じではない。漢代の人口はほぼ華北のみで支えていたのに対し、唐代の人口は南北がともに養ったからである。江南の経済は、絶対的にも相対的にもその力を高めて、さらに次の時代の準備を整えた。以後の中国経済は、もはや江南を抜きに考えることはできない。

唐から宋への王朝交代期は、俗に唐宋変革といって、中国史上第一の社会変革期である。

経済もこのとき大きく変貌した。これが第三期の開始であり、およそ一四世紀まで続く。

王朝でいえば、宋元時代にあたるこの時期は、上でも述べたように、江南デルタで水田稲作が普及し、多くの人口を養えるようになった。従前のレベルを凌駕した数値が、そうした事態を示している。だが、それればかりではない。以後の中国経済史で顕著になる特徴が、ほとんどこの間に準備された。

たとえば、軍隊である。それまで王朝政府はさながら徴兵制のように、直接に兵役を課し、人民を徴発し軍事力を組織していた。隋唐は古代日本も模範にした、いわゆる律令制なので理解しやすいだろう。ところが唐代の後半期、それが募兵制に改められた。職業的な傭兵を財力で養わなくてはならない、という意味である。そのため、以後の財政活動も、糧食・物資を供給する大運河の運輸をはじめ、物流を重視するようになった。

技術革新も多くこの時期におこった。水稲栽培や内陸水運のほかにも、木材から石炭・コークスへの燃料転換と消費エネルギーの増大、それにともなう銅・鉄など金属の大量生産、磁器や茶など中国特産品の開発・生産を数えることができる。そうした数々の要因が重なり合い、商業が内外にまたがって勃興、発達してきた。

もちろん貨幣経済も浸透してゆく。まず銅銭がおびただしく鋳造、使用された。日本でも「宋銭」として、おなじみのものである。しかし政府鋳造の銅銭だけで、経済活動すべてに応じるには不十分であって、四川や陝西など、鉄銭が通用する区域を設けたり、また民間では、貨幣の代わりに金銀を用いていた。やがて、あまりにも嵩張る鉄銭の代替として、紙幣が発明され、その流通がはじまる。モンゴル帝国に至って、その紙幣は法定の通貨になった。

以上のようにみてくると、ヨーロッパの歴史経験になぞらえて、この時期を「商業革命」と称する向きがあるのも首肯できよう。しかしながら、人口の増加を支えたこうした経済の革新と成長は、永続しなかった。一四世紀に一大頓挫をきたしたからである。

†人口変動と時期区分——一五世紀以後

一〇世紀以来、温暖に転じていた世界的な気候は、この時ふたたび寒冷化し、それにともなって、疫病も蔓延した。有名なヨーロッパのペスト流行は、その代表例である。この世界史的ないわゆる「一四世紀の危機」のなか、ユーラシアの大部分をむすびつけ、支配したモンゴル帝国も崩潰していった。中国では元末明初の大乱が起こっている。経済も当然、どん底にまで落ち込んだ。

そのどん底から、第四の時期が出発する。王朝名でいえば、明清時代。経済の回復が海外の需要とあいまった江南の産業構造転換ですすんだことがこの時期、一五世紀から一九世紀の特徴である。

その海外の需要とは主として、「倭寇」という名の対日貿易、および大航海時代とそれ以後のヨーロッパの拡大にほかならない。人口の規模が第三期・宋元時代の数倍に拡大したことで、富力の飛躍的な増大がわかる。世界的な異常気象と飢饉で不況に見舞われた、いわゆる「一七世紀の危機」、あるいは明清交代という中断期をはさみながらも、そうした趨勢は一貫したものであった。

その結果おこったのが、一八世紀の爆発的な人口増加である。百年の間に三、四倍という激増ぶりであって、当時の経済では収容しきらない。やがて一九世紀・清末の内憂外患を迎えねばならなかったゆえんである。中国経済史はそのなかで、機械制工業や資本主義など、近代西洋起源の産業や技術、経済制度・経済理論を摂取して、次の時代の準備をはじめた。

二〇世紀はそれらを適用した第五期、西洋化の世紀である。そのプロセスはおそらく、「改革開放」がつづく今もなお、完結していない。現代中国の十三億という人口は、一九五〇年以降、毛沢東政権下で増加した規模から出発したものであり、そのときの母数になったのが、清末以来、漸増して五億六千万に達した人口規模にほかならない。

新たな土地・物産の開発や産業の革新によって、より多くの富が生産できるようになると、それに乗じて、人口が増える。増加がつづいて養いうる限界を越え、過剰が生じると、そのたびに貧困・疫病、さらには災害・戦乱で、死亡率が急上昇し、結果として社会経済の容量にみあう人口規模への調節がなされた。グラフの人口変動はそうしたパターンをあらわす歴史経過であって、中国経済はたえず、潜在的な許容能力を上回る人口増加に遭ってきたことをも意味する。

一八世紀から一九世紀の人口増は、その最終局面であり、現代の前提をなす。それが以後の二〇世紀といかに異なるのか。そこに現代中国を理解するひとつのポイントがあるように思われる。そのためにも、現代中国の前提を提供した第四期の、くわしい内実を明らかにしなくてはならない。

†「邑」と「村」

では、こうして増減した人口は、どのように暮らしていたのか。そのすべてを時代ごとに、精細に描き出すのは、もとより不可能であるし、また本書に不可欠でもない。しかし時系列で、古代からの変遷を大づかみにでもたどれば、現代の理解にも役立つから、全体的なスケッチを試みてみよう。恰好の手がかりになるのが、聚落形態である。

上古の黄河流域では、人々は城郭をめぐらした空間に集住するのが普通だった。こうした密集聚落とその周囲の土地が、「邑《ゆう》」と称する古代人の生活空間であって、元来はそれぞれが政治的にも自立しており、「邑制国家」ともよばれる時代もある。各々の「邑」が独立を失っても、そうした聚落形態はつづき、秦漢時代を通じて存在した。われわれ日本人は史上こうした聚落形態をもった経験がないので、そのありようを実感、理解しづらい。

世界史の授業で必ず習う中国史の用語に、「郡県制」というのがある。地方の行政制度であって、中国を統一した秦の始皇帝が、全国に施行した、と教科書に記してあるけれども、それだけでは、よくわからない。郡・県ということばだけなら、いまの日本にも残っているが、もちろん同じ意味内容のはずはない。原義では、「県」とは「邑」の大規模なものを中央出先の行政都市にしたてたもの、「郡」とはその県をいくつかあつめたものなのである。「郡」の部首は、おおざと＝邑であって、この字は「邑（＝県）」をグルーピングした、という意である。

「県」までが政府機構である。その下に置かれた、より小規模の聚落も存在し、こちらも古来の「邑」を起源としていた。だから大小軽重のちがいはあっても、集住都市という基本的な聚落の構造と性格では、「県」と何ら変わりはない。

そのうち「県」は行政城郭都市として、以後の歴史過程にも残存してゆく。その一方で、その管轄下にあった零細な聚落のほうは、三世紀はじめまでにほぼ消滅して、別の聚落形態が生まれた。「村」である。これは読んで字のとおり、住居が散在し家屋まばらな日本の村落をイメージすればよい。集住から散居への変化である。

これ以後、城郭をめぐらせた集住都市の機能は、ほぼ行政・軍事に特化した。その経済機能は、ごく一部の区画にある「市」にしか存在しない。「市」は売り買いという意味の漢字で、ここでは商業区域にあたる。唐の首都・長安はそうした都市の典型であり、それをモデルにして造られた日本の平城京や平安京を想起すれば、わかりやすい。それが大都市のなか、これだけ局限されていることで、この時代の商業衰退をうかがうことができる。

経済の主体はしたがって、城郭都市の外にあり、ほぼ村が担った。農業にもとづく自給自足的な村落生活が、当時の経済活動の大部分をしめる。それが同じ時期の人口激減とあらたな開発の過程に対応していた。

†「市鎮」とその増加

このように、三世紀から一〇世紀にいたる中国の聚落形態は、城郭都市と村落の二本立てであった。その変化が顕著になってくるのが、やはり唐宋変革の時期、この二本立てのほかに、もうひとつ新たな聚落が出現する。

従前は行政都市の一区画に押し込められていた商業区域が、城郭の中からあふれだしたり、村落でも定期市を開くため、城郭都市と関係の薄い、独立の聚落が発達するようになった。こうした商業聚落は、それまで存在しなかった無城郭の都市にほかならない。

これを当時のことばで「市」「鎮」などの漢字であらわし、それらを引き伸ばしたり、組み合わせたりして表記した。ここでも、この無城郭商業都市を「市鎮」とよぼう。その勃興のありようから、衰退から発展に転じた当時の商業興隆をうかがうことができる。かくて一〇世紀以後の聚落形態は、行政機能をもつ城郭都市、商業機能の市鎮、農業機能の村落という三本立てになった。

以上が宋元時代・一四世紀までの展開である。その後、中国社会は一九世紀にいたるまで、三本立ての聚落形態という基本的な構成はかわらなかった。しかしながら一五世紀以降、まったく変化がなかった、というわけでもない。構成じたいは変わらなくとも、量的な変化が生じた。市鎮がおびただしく増えたのである。一一世紀のはじめ、北宋時代には、一県あたり二の割合を越えなかった市鎮の数は、明清時代にその十倍を数えたといわれ、県あたり五十〜六十という試算もある。

図表2　市鎮の分布（上海県附近）

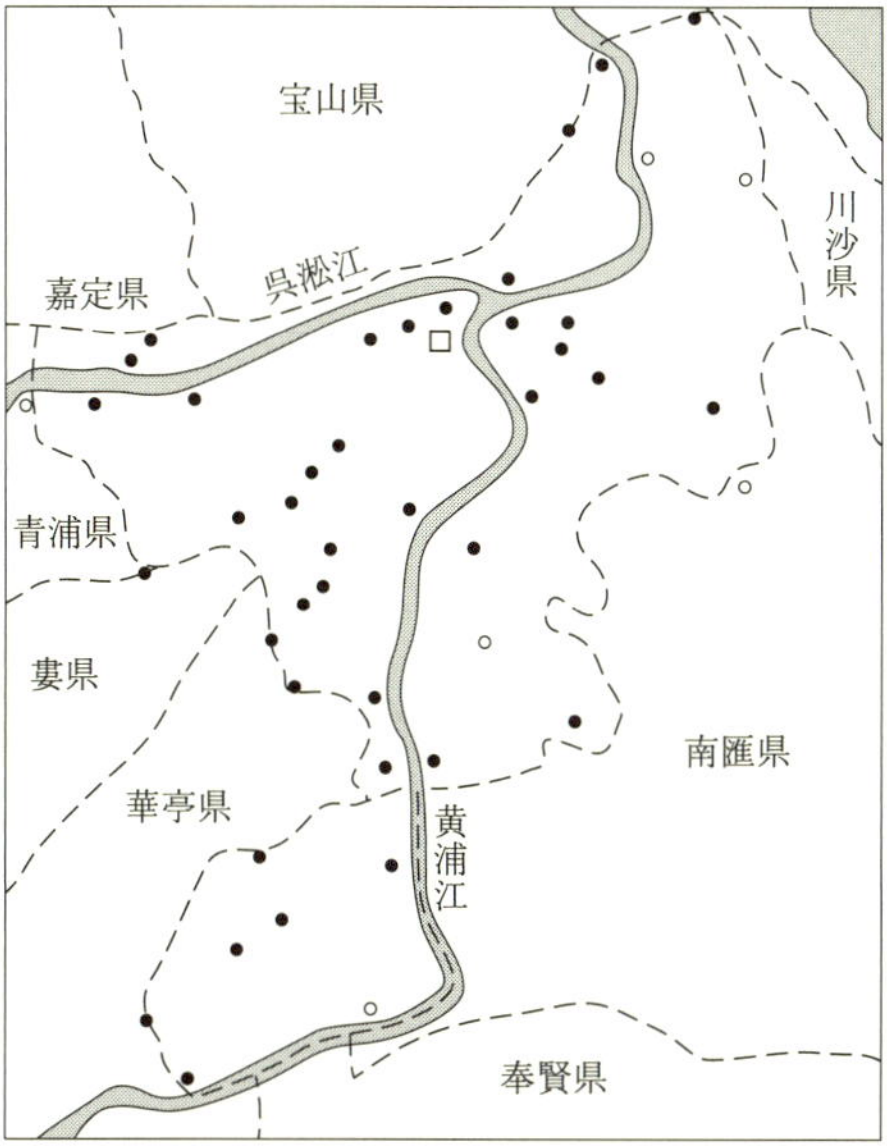

□は上海県城。○は 1470 年当時の市鎮、●は 1860 年までに増加したもの。
（出典）Elvin, *Pattern of the Chinese Past*, p. 272

図表2は上海近辺の市鎮を図示したもの。江南デルタという当時の経済最先進地なので、いささか極端な例ではあるけれども、その増殖ぶりがよくわかるであろう。

†聚落形態と時代区分

このように聚落形態で

も、人口の変動で区分した時代のまとまり・転換とパラレルな動向を示している。けだし、居住生活は人の死活を左右する産業の隆替、いいかえれば社会経済の変容と密接に関わるからである。

確認すると、三・四世紀あたりが第一の画期、一〇世紀が第二、第三は一四世紀。そして現在にまで続く二〇世紀は、それまでとは異なる段階にある、と考えたほうがよいだろう。そのうち最も注目に値するのは、一五世紀から一九世紀にかけての時期である。そこに中国独自の展開があらわれているからである。

この時期、いわゆる明清時代は、上に述べたとおり、人口が激増した。その最たるものが、地図に示した江南デルタであって、人口増に対処するため、行政機構をそなえた県も増えている。

もっとも、事実の経過としては、人が増え、市鎮の数が増加、規模が拡大したのちに、やむにやまれぬ政治的な要請があって、はじめて城郭をめぐらした新たな県が置かれる。県をはじめとする城郭都市の数は、そのため人口・市鎮の増殖に見合う増加はなかった。つまり増えた人口は、おおむね農村と市鎮に吸収されたことになる。この時期に進展した都市化は、行政機能をもたない市鎮の増加というにひとしい。

これはたとえば、日本では起こっていない事象である。清代＝江戸時代の日中の聚落形態を比較すると、一目瞭然だろう。他の著述で使ったことのある図表だが、あらためて確認しておきたい。

†日中の対比

日中それぞれの聚落数を、その政治的・経済的な中枢性の程度に応じて、上位下位の階層に分類すると、図表3のようになる。

Ⅰ・Ⅱがいわば全国都市である。Ⅰは首都、人口は百万人規模、全国を統べる行政機能をもつ。日本は江戸、中国は北京である。Ⅱは三十万人以上の大都市で、日本なら大坂と京都、中国は南京・蘇州・武漢・広州など、全国的な行政・経済機能を有する都市である。

Ⅲ・Ⅳ・Ⅴは地方の中心をなす都市。Ⅲの人口は三万から三十万人、日本では大藩の城下町、中国は省を代表する都市である。Ⅳは人口一万から三万、日本でいえば十万石から三十万石の城下町、中国ではおおむね府という行政官庁が置かれた都市にあたる。Ⅴは人口三千から一万、日本は小さい城下町や在郷町、中国ではおよそ千百ある県のほぼ半数である。

図表3　日中の中心地（19世紀）

	中国	日本
Ⅰ	1	1
Ⅱ	9	2
Ⅲ	100	20
Ⅳ	200	60
Ⅴ	700	250
Ⅵ	11,000	400
Ⅶ	24,000	1,000

（出典）岡本『中国「反日」の源流』83頁

その下位にあるⅥは、三千人から五千人の規模で、日本は三万石以下の藩の城下町と在郷町、中国は残り半数の県と、その十五倍以上の数にのぼる「市鎮」とが占めている。Ⅶは五百から三千人の市場町であり、ほとんど行政機能を有さない。

表に示していないⅦより下は、村落である。一九世紀のはじめでいえば、各々の人口規模はおよそ二百五十人以下、数は日本が六万五千、中国が八十万。当時の人口が日本は三千万、中国は四億だから、おおむね人口規模に見あった比率で、それぞれ単純計算すれば、いずれも人口のおよそ半分は、村落に住んでいた、ということになり、日中共通する。だから日中のちがいは、表に示した、村落の上にたつ聚落のありようにあるわけである。

図表4はこの**図表3**で示した聚落の階層構造。縦軸のローマ数字が表に対応して、聚落の行政機能と人口規模をあらわす。横軸の太線の長さが聚落の数を示す。

これで日中のちがいが、一目瞭然である。鋭角三角形と底辺の広い三角形であり、底辺

図表4　日中の中心地（19世紀）

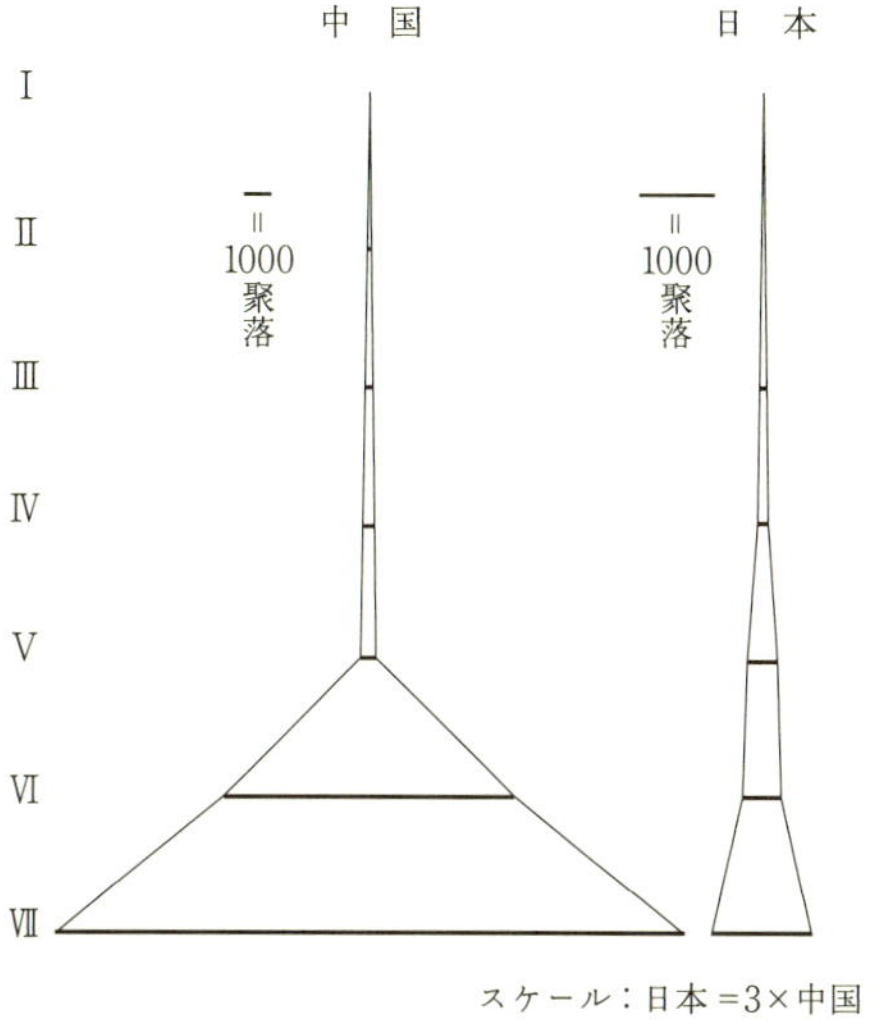

（出典）岡本『中国「反日」の源流』84頁を改変

をなすⅥ・Ⅶのとほうもない懸隔が、両者の差異を作り出している。

日本ではⅥは多くの城下町を含んでおり、Ⅶも少数だから、それ以下の村落は、行政機能を有するⅥ以上の聚落に直結していた。それはとりもなおさず、権力のコントロールが村落にまでゆきとどいていたことを意味する。

中国ではこれに対し、行政機能をほとんどもたないⅥ・Ⅶの市鎮が、ぶ厚い層をなしている。要するに、人口の半ばをしめる村落が多く日常的に接するのは、権力と関係の希薄なⅥ・Ⅶであり、それより上位の行政中心地に直結していなかった。

当時の中国で、Ⅴ以上に居住する人口は二千万、全人口の五％にすぎない。江戸時代後期の日本は、支配階級の武士が二百万人前後で、総人口比七％、それを含め、Ⅴ以上に居住する人口は五百十万、全人口の一七％にのぼる。それに比べれば、中国は行政上の都市化率がはるかに低い。つまり権力のコントロールがゆきとどいていないわけである。すべては、明清時代における人口の増加と市鎮の増殖に起因するものだった。

こうした日本とのちがいは、おそらく西洋と比べても、同じことがいえよう。一九世紀以降、現代にいたる中国の歴史が、なぜあのような経過をたどったのか。なぜ日本や西洋の常識で、中国経済が理解しづらいのか。その出発点は、いずれもこのような明清時代の歴史過程にある。

Ⅱ アクター ——社会の編成

actor

広州の商店街（出所：John Thomson, *Illustrations of China and Its People*, Vol. 1, London, 1873 http://ocw.mit.edu/ans7870/21f/21f.027/john_thomson_china_03/ct_gal_01_thumb.html）

1 政府権力

†財政への着眼

中華人民共和国は事実上、中国共産党の一党独裁国家である。もとより日本とは政府権力のありかたが異なる。権力のありようがちがう、とは、それを含んだ社会のかたちも異なることを意味しよう。

人はえてして自分の常識で相手をはかるものだから、日本人が中国を理解しにくいのは、このような異同によるところが大きい。逆にいえば、権力のちがいがわかれば、自ずと社会構造のへだたりも見えてきて、たがいの理解に役立つであろう。

では、どのように権力の性格を理解するか。民主と独裁という二項の対概念は、もちろんその答えになりうるだろうが、それだけではあまりにも簡潔で、茫漠としている。民主といっても、日本はきわめて特殊な一例だし、独裁といっても、中国だけに限ったことではない。単なる既成概念のあてはめではなく、もう少し現実に即した具体的な制度の動きにまで、立ち入ってみることはできないだろうか。

そこで経済を考える、という本書の立場から、権力のパフォーマンスとして注目したいのは、財政である。

だが一口に財政といっても、その意味内容はわかりづらい。あえて概念を定義するなら、国家が統治する社会の再生産をうながすため、権力がおこなう経済的・政治的な活動である、とひとまずはいえる。しかしこれでは、何も説明したことにならない。その機能は多岐にわたっていて、「再生産」にせよ、「活動」にせよ、実際は局面によって千差万別、すべてを具体的にとらえることが難しいからである。

だからまずは、財政の基本的な動きをごく大づかみに把握したい。権力がその強制力に恃《たの》んで、社会から経済的な収奪をし、しかるのちに、その収奪物を社会に還元するのが、財政収支の一サイクルである。権力と社会の関係が、その収支サイクルのありようを規定している、といってもよい。したがってそのありようをみれば、民間社会がどこまで政治権力に掌握されているか、も具体的にうかがうことができる。

そのうち「収」=租税の徴収が対象にする「社会」と、「支」=税収の支出が対象にする「社会」とがほとんど同一の場合もあれば、まったく異なることもあろう。またそれぞれの規模にも、異同があっておかしくない。それはどんな国にもいえることだが、はたして中国はどうなっているのか。そのあたりを念頭に置いて、税金の使途《つかいかた》と徴収《とりかた》をみてゆくことにしよう。

もとより財政に限らず、中国の制度はわかりにくい。専門家ではない筆者に、現代中国の財政制度を詳しく正しく解説せよ、といわれても、無理な話である。しかしその特徴をまったく知らないわけではない。いくつかそうした事例をあげて、その由来から考えてみよう。学問的な解説より理解しやすくなっていれば、しめたものである。

†財政支出

中国の財政はいまの日本と比べると、その特徴がきわだってみえる。もちろん両国とも近代国家を組織しているので、共通点のほうがむしろ多い。景気刺激・金融救済のための財政出動などは、その好例である。いまなお世界経済に影を落とす二〇〇八年秋のリーマン・ショックのさい、中国政府がおこなった四兆元（約五十二兆円）もの大規模な財政支出は、なお記憶に新しい。

しかし日中で著しく異なる点もある。まず支出の項目でいえば、軍事費と社会福祉費である。現代日本では、前者が少なく後者が多い。あるいは前者よりも後者を、為政者が重視している。現代の中国はまったく逆である。軍事費は公になっているだけでも相当な額だし、しかも不透明で底がしれない。急速な改善がみられる社会福祉は、ひところ前まで制度そのものが無きにひとしいものだった。年金のカバー率は一五％にとどまっていたし、医療保障制度も公務員以外、整備されていなかったのである。

世界的にみれば、日中ともにすこぶる特殊な例かもしれない。両極端の可能性も大いにある。それでも、中国が日本人の常識・感覚を逸脱している、という事実はかわりないし、なぜ日本と対蹠的とさえいえるほどの特徴をしめすのかは、知らねばならないだろう。

このような中国の財政支出は、いまにはじまったことではない。むしろ歴史的にずっとそうだった、というほうが正しいだろう。中国歴代の政権は、もっぱら軍事力を維持するために財政を運営してきた、といっても過言ではない。

図表5は一七六六年（乾隆三十一年）の清朝政府財政の公式な歳出数値であり、全体の五〇％以上を明らかに軍事費とわかる費目が占めている。これは割合がかなり少ない事例であって、八割にのぼるときもあった。そのために清朝を「軍事国家」と定義した研究も

図表5　清代の歳出

満漢兵餉	1,700万両＋
王公百官俸	90万　＋
外藩王公俸	12万
文職養廉	347万
武職養廉	80万
京官各衙門公費飯食	14万
内務府工部等祭祀賓客備用銀	56万
採辦顔料木銅布銀	12万
織造銀	14万
宝泉宝源局工料銀	10万
京師各衙門胥役工食銀	8万
京師官牧馬牛羊等芻秣銀	8万
東河南河歳修銀	380万　＋
各省留支駅站祭祀儀憲官俸役	600万　＋
食料場廩膳等銀	120万
合計	約3,460万

（出典）岩井『中国近世財政史の研究』32頁

あったものの、別にそうした事情は、清代に限らない。中国史では多かれ少なかれ、通時代的にいえることである。

そのほかの費目も、さまざまな名称がついているものの、おおむね文官の俸給に充てられたと整理できるから、歳出の項目は二つだけにすぎない。だとすれば、それは現在のわれわれがイメージする歳出項目の構成とは、ずいぶん異なる。要するに、軍事力・官僚制を維持する目的の財政支出だといってよい。本質的には軍隊・官僚という純消費者の権力集団を養うため、つまり政府権力が自己保存をするためだけに、財政が存在していたともいえる。

いいかえれば、一般の民間社会に税収が直接に還元されることがほとんどなかった、財政支出がカバーしていた「社会」とは、ひと握りの支配階層でしかなかったことになる。以上がおさえておくべき第一の論点である。

いまひとつ、当時の中国は、そうした軍隊と官僚組織が構成する権力で、社会全体を治めていた、という事実がある。その社会が二億以上の人口を擁する巨大なものだったことを考え合わせると、表の数値は財政支出としては、ごく小規模な額にすぎない。しかもこの年度の歳入は、四千五百万両あまりの額なので、収支はかなりの黒字だった。驚くべき「小さな政府《チープ・ガバメント》」だといっても、過言ではない。

†汚職の慣習

財政黒字と「小さな政府」。それが一概にいいことだとはいえない。当時の軍隊は総数ほぼ八十万、歳出の半分をしめる軍事費は、ほぼ人件費なので、上の充当額を単純に頭割で計算すれば、一人あたり年に銀二十両あまりとなり、銀一両で米三、四斗の物価だったから、おおむね三、四人の家族なら食べていける水準ではある。しかしまさか、その額がまんべんなく全員にいきわたったはずはない。

しかも文官のほうは、多くの武官・兵卒とは異なって、社会の上層をしめた人々である。その総数を正確にわりだすのは難しいものの、その生活水準からして、この財政支出でまかなわれる政府の俸給だけでは、とても生計を立てられない。

そこで文武いずれにも起こる事態が、われわれからみれば、不正汚職にほかならぬ慣習である。足らない糊口の資を補うために、あるいはいっそうの贅沢にふけるために、文官・軍人ともに、給与のピンハネ、公金の横領、賄賂・供応の授受は、当時あたりまえのことだった。それは清代に限らない、少なくとも千年の歴史をもつ事実である。その構造はあらためてくわしく論ずるけれども、おしなべて、ゆきすぎたチープ・ガバメントの弊害だといってよい。これが第二の点である。

以上二点をあらためて、現代中国と比べてみればどうだろう。いまはさすがにこれほど露骨ではない。第一の点は、景気浮揚のために財政支出もしているし、福祉関連予算も存在するから、民生に一定の顧慮はしている。第二の点でも、少なくとも清代ほどのチープ・ガバメントではない。公務員が暮らしていける額の俸給は、支給しているはずである。

そうはいっても、旧来の性格がまったく払拭されたわけではない。軍隊の地位も役割も昔と同じはずはないけれど、軍事費についていえば、それが歳出の多くをしめるありようは、現在まで一貫して続いている。また何の不平不満も出ないほど、公務員・軍人の俸給が潤沢であるとは限らないし、たとえ潤沢でも、汚職をしないとは限らない。実際、不正の常習・腐敗の蔓延は、周知のことがらである。それは伝統的に汚職を不正だとは認識してこなかった社会だからであって、決して今にはじまったことではない。

†財政収入

現代中国の歳入規模は、日本円に換算しておよそ九十兆円、税収がその九割をしめる。GDPに大差ない日本では、税収は三十七兆円くらい。政府組織の差異や公債の発行を考慮に入れていないので、厳密な比較にならないものの、納税負担は中国が倍以上に大きい計算である。日本では、その税収をおおむね所得税・法人税・消費税がまかなっており、中国でも税目はほぼ同じ。それでなぜ、倍の税収があがるのだろうか。

その内容を比較すると、いっそう対蹠的《たいせきてき》である。現在の日本では、所得税・法人税・消費税の割合に大きな差はない。額でいえば、個人が負担する所得税が最大、企業が負担する法人税が最少である。以前はいっそう所得税の割合が大きかった。

それと比べれば、中国の所得税収入は、微々たるものである。税収全体の一割にも満たない。歳入の多くを占めるのは、法人税と日本の消費税にあたる種々の間接税である。

それで日本の倍以上の税収があがるメカニズムの全貌は、少なくとも筆者にはわからない。経済成長で潤った分、流通がさかんになり、企業も利益をえているから、間接税と法人税の収入が増している、という現象は、論理だけならすぐに理解できよう。けれども、もう少し立ち入ってみると、いっそう驚くべき事情がひそんでいる。

それはごく一握りの大企業や富裕層が、大口の納税者になっている、という事実である。法人税でいえば、大企業百五十社たらずで、税収全体の半分を納め、割合の少ない所得税でも、納税者全体の三%・二百四十万人で、納税額全体の三五%をしめるという。間接税収入もかれらの企業活動・消費活動であがる部分が圧倒的に大きい。そして富裕層とは、その大企業に勤める人々がほとんどである。したがってこの場合、税負担者はひとくくりに大企業だといっても、あながちまちがいではない。

金持ちが高額の納税者になる、といえば、あたりまえではある。だが、これほどの比率は、日本では考えられない偏在だといってよい。極言してしまえば、中国では大企業の納める税が、財政収入を成り立たせているのである。

†清代の納税

税収に関わるこうした事象は、やはり財政支出と同じく、いまにはじまったことではない。遅くとも清代には確認できる。図表6は一七五三年(乾隆十八年)の政府財政の公式な歳入の数値である。大別すれば、土地税が全体の四分の三以上を占める。この「土地」とは農地のことだから、農業部門からの徴税といえる。残る四分の一は、塩税・関税など、商業税にほかならない。

商業税が間接税で、実際の税負担者が納税していないのは、明白である。しかし農業部門だからといって、真の意味での直接税だとはいいがたい。課税対象となる農地は、ほとんどが地主の所有であって、かれらが自ら耕作生産していたわけではないからである。耕作に従事するのは、人口の大多数をしめる小作農であって、地主はかれらから小作料をとって、政府に税を納めていた。農地をリースして利益をあげる一種の企業体だともいえる。土地税は当時の漢字で「糧」とも表記するので、建前は農業生産に直接課せられるはずの税金だが、実態はそうではない。

商業税のほうも、われわれが想起する消費税のような、単なる間接税ではない。塩は当時、専売制が布かれていた。特定の大規模な卸売商人がライセンスを取得して、一手に流通を担い、一括して課税額を納める、というし

図表6　清代の税収

税　目	数　量
土地税	4,733
地丁	3,042
耗羨	355
漕米	1,336
塩　税	701
関　税	459
雑　税	105
合計	5,998

単位：万両

（出典）岩井『中国近世財政史の研究』30頁

くみである。その税率は少なくとも原価の数十倍にのぼるのが、通例だった。

こうしたしくみは、関税も変わらない。関税とは国内にも適用される一般的な流通税の謂《いい》であって、現代の「関税」と意味内容は異なっている。その税率を塩のように品目を限って極端に高くすることはなかったけれども、ライセンスをえて納税を引き受けた特定大規模の卸売商人しか、貨物をあつかうことができない。

このように塩税も関税も、取引するすべての商人が納税していたわけではない。ごく少数の卸売商人が政府に納めていたわけである。かれらはもちろん、地主とならんで、当時有数の富裕層にほかならない。

このようにみると、清代の財政収入は地主と大商人、要するに各産業部門の大企業だけが負担していたことになり、現代と共通する特徴である。現代中国は納税の相手として大企業・富裕層を、清代中国は地主・大商人のみを捕捉したわけで、いいかえれば、いずれも大多数の人民にそれぞれ自ら納税させようとはしていなかった。人にせよ企業にせよ、個別に把握して徴税を行おうとする日本の姿勢とは、歴史的に異なっているといえよう。

†権力の位置

以上からわかるのは、中国の政府権力が収支の対象とした「社会」は、今も昔もきわめて狭小な範囲に限られている、ということである。一八世紀の清代の事例はやや極端ながら、財政が関わる「社会」が狭小だったればこそ、あのように切りつめたチープ・ガバメントの様態をとることも可能だった。

したがってそのチープ・ガバメントを、われわれの感覚で額面どおり受けとってはならない。その埒外《らちがい》に、厖大な社会が横たわっているからである。

そこに暮らす人々は、たしかに権力から直接公式の収奪を受けることはなかった。しかし権力の手が及ばないところで、経済的な収奪がおこなわれていたことは、想像に難くない。言及した地主と小作農はもとより、資本家と労働者、大商人と零細商人・消費者、いずれの間でも、前者が後者を搾取していた。権力が関知せず、チェックがきかないだけに、その度合はいっそう甚だしかったとみるべきであろう。この構図は今も昔もかわらない。

中国はこのように、権力が相手にする社会とそうでない社会とに分かれていたことになる。前者は納税に応じるごく一握りの富裕層の人々が構成しており、大多数の庶民からなる後者の社会を搾取していた。直接に政府権力を支えているのは、そんな納税階層だったわけで、かれらの支持を失えば、権力は存立しえない。

清朝の時代には、しばしば課税の減免があった。とりわけ一八世紀の好景気で、財政に余裕があった乾隆帝の時代に多い。

減税はいうまでもなく、善政を意味する。ことばはすこぶる美しい。しかしこうしてみてくると、たんに一握りの納税階層を潤すばかりの結果だった、ということがわかる。その善政は決して、一般の庶民にまでとどいてはいない。

政府権力にとっては、その存立を依存する納税階層から見離されないようにすることが問題だった。そうしたしくみと思考法が、収支黒字の時に減税免税を実施させ、赤字の時でも増税を躊躇《ちゅうちょ》させて、財政の縮小と歳出の欠乏をもたらし、いよいよ文武官僚の俸給は薄くなって、不正汚職を再生産する。それが清代、いな中国の王朝時代にくりかえされた政治過程だ、といっても過言ではない。

現代の中国は、王朝時代のようなチープ・ガバメントとはいえまい。もちろん、そうならざるをえなかったいきさつはあって、その詳細は後述する。けれども財政収支の対象とする社会が、ごく一部のものにすぎない、という事情は清代から連綿とつづく、共通した特徴である。

さきにふれた、リーマン・ショック時の財政出動が好例である。景気を刺激するためといいながら、仔細にみれば、その支出の受け皿は、規模の大きい国有企業であった。というのも、こうした国有企業が、とりもなおさず大口の納税者だったからである。投資が確実にもどってくればこそ、政府も安んじて財政支出ができるのであって、いわゆる「国進民退」の現象も、そこから生じてきた。

国有企業が財政出動・公共事業で肥え太り、民間企業はそれによって、圧迫吸収されて没落する。財政収支はもっぱら国有企業を相手とし、民間はそこから切りすてられる。「国」の社会と「民」の社会。いまの中国では、分かたれた二つの社会が存在しており、それは清代にみまがう姿だといっても、過言ではない。

2 科挙と官僚制

†「国」と「民」

財政のありようからみてとれるのは、中国では歴史的に、政府権力が必ずしも民間社会のすべてを把握しておらず、必然的に権力の関わる社会とそうでない社会とに分かれてしまう、ということである。だとすれば、今も昔も共通するこのような二元的な社会は、史上どのように推移していたのであろうか。もう少し文脈をひろげてみてみよう。

先に述べたように、現代のことばで「国進民退」という。その「国」「民」は旧来から、しばしば対にして用いた語である。その場合、「国」とは王朝・政府を指すが、さらに引き伸ばして、その構成員で表現すれば、「官」あるいは「士」と言い換えることもできる。つまり「官」「民」、「士」「庶」なども、ほぼ同様の対句表現である。前者はいずれも支配者・エリート、上流・搾取者、俗にいえば勝ち組の謂、後者は被支配者・非エリート、下層・被搾取者、負け組にほかならない。

たとえば「国計民生」という言い回しがある。全体でいまの経済というくらいの意味になろうが、あくまで「国計」と「民生」との複合語であって、一体をなしてはいない。上にみたとおり、実態として「国計」(=財政)のカバーする範囲が、「民生」(=社会)全体に及ばないからであり、それが成語にも反映している。

われわれは普通に「国民」という。それは「国」と「民」が一体化した nation の謂であり、その翻訳語である。欧米や日本の近代国家はそれが基本構造をなしているのに対し、中国は歴史的に「国」と「民」が一体にならなかった。

「国」はあくまで王朝、統治機構にすぎない。漢・唐・明・清などの王朝名は、普通に「天下を有する称号（有天下之号）」といわれる。王朝政府が「天下」、すなわち民間社会を領有している、という世界像なのであり、「国」と「民」とは、互いに領有の主体・対象となるべき外者、よそ者であった。

だから中国の人々は、一九世紀後半に欧米・日本を実見して、その「上下一体」「官民一体」の社会構造と、そのうえになりたつ国民国家のありようとに驚嘆した。中国革命に一生をささげた孫文も、「中国（人）」という nation の創出を畢生《ひっせい》の念願としたのである。

†二重構造

「国民国家」といい、国家と国民が曲がりなりにも一つの共同体をなすのが、日本・欧米だとすれば、少なくとも史上の中国は、両者一体とならない二元的・重層的な社会構成だった。それは日本や欧米と較べて、権力エリートと一般人民の距離がはるかに遠く、隔たっていたことを意味する。

そうした二重構造は、言語からみても然りである。今の中国語は白話（口語）の文体だとはいえ、書き言葉と話し言葉の間に、相当の隔たりがある。文章をきれいに書くのは、十分な教育を受けたエリートでなくてはかなわない芸当であり、他方で、文章はもとより、漢字も満足に書けない庶民の数は、決して少なくない。

現在ですら、そうである。過去はもっとひどい。われわれが普通に漢文とよびならわす白話以前の文語文は、エリートの専有物であり、一般庶民とは何の関わりもなかった。

その最たるものが古典、主として経書・史書の文章である。これは聖賢の説く真理を載せるものだから、その文章・文体を体得し、読んで解説でき、書いて表現できる者こそ、世の師表たりえた。そうしたごく一握りのエリートを「士」と呼び、そうではない大多数の人々は、あくまで「庶」の範疇にあったのである。

こうした区別じたいは、ずいぶん古くからあって、たとえば『論語』泰伯の「士は弘毅ならざるべからず、任重くして道遠し」、「民は由らしむべし、知らしむべからず」というのは、こうしたエリートと非エリートを峻別する思想を表現したものであり、「士」「庶」概念の原型をなしている。そうした概念が二〇世紀まで続くのだから、中国史の大部分は、「士」「庶」の重層構造のもとにあった、といっても過言ではない。

†「士」「庶」の分岐

もっとも、その字面の内実が、ずっと一貫して同じだったわけではないし、両者の関係が、一定不変だったわけでもない。それに、エリートと非エリートの区別だけなら、古今東西、いつでもどこにでもあることだろう。

中国でも、はじめ「士」「庶」の間に、さほどの隔たりはなかった。紀元前の漢王朝の時代は、よく「フラット」な社会関係というように形容される。ところが時代を下るにつれ、その近かった距離はどんどんひろがってゆき、雲泥ただならぬ懸隔ができた。貧富・貴賤という関係の実体だけではなく、観念の上でも根深い差別意識が生じた。士族は庶民を「非類」と呼び、近づくことすら憚かったのである。

ときに五世紀の末、六朝時代の南斉王朝につかえた紀僧真という人物がいる。「ふつうの貴人など、とうてい及ばない」といわれるほどの風采・才幹をもち、皇帝の信任も厚かった。けれども卑賤の出自だったために、当時は不当に君主の寵をえた「倖臣」のレッテルを貼られている。

以下は史書に記すエピソード。

紀僧真はかつて、帝に願い出たことがある。

「わたしはしがない県の武吏出身ですが、聖君の御代に際会いたしまして、ここまで出世することができました。もはや望むものとてありませんが、ただひとつ、陛下のお力で、士大夫の列に加えてはいただけないでしょうか」

「これは江斅《こうこう》らがとりしきっておる。朕の意見だけではどうしようもない。自ら頼みにゆくがよい」

紀僧真はそのとおり、江斅のところに赴いた。すわって落ち着くと、江斅はただちに左右に命じた。

「わが座を客より遠ざけよ」

紀僧真は意気阻喪して退出し、ことの次第を帝に語ると、帝も歎息した。

「士大夫はそもそも、天子がならせるものではないのだよ」

この場合「士」は江斅、「庶」が紀僧真である。後者がいかに才力すぐれ、天子のお気に入りであれ、前者は側によるだに汚らわしい、と考えていたし、社会全体もそれに異をとなえなかった。かなり極端な事例ながら、当時の意識と慣例がよくわかる。

これほどの懸隔ある「士」「庶」の階層構成と差別意識は、三世紀からはじまる三国六朝時代から、日本でもおなじみの隋唐の時代にかけて定着し、牢乎《ろうこ》として抜きがたいものになり、中国革命の成就まで消滅しなかった。そうした永続にあずかって力があったのが、科挙制度である。

†科挙の設立

科挙というのは、隋の時代にはじまった官吏登用試験である。試験で官吏を選抜登用する、エリートの社会的地位や役割を個人の才力で決定する、というコンセプトは、近代西洋の高等文官試験成立にも大きな影響をあたえ、現代国家通有の官僚制度形成にも寄与した。まことに大きな世界史的意義をもった制度だといって、過言ではない。

もっとも、科挙を現在の高等文官試験と同一視してはならない。その社会環境も試験内容も、まったく異なるからである。

試験だから、受験者の才力をはかる出題をするのは、当然である。けれども、いわゆる才力とは何を意味するのか、が問題であって、中国の場合、それは「士」たるにふさわしい資質を有するかどうかにあった。具体的に言い換えれば、聖賢の説く真理を記載する古典をおぼえ、その真理を適切に表現できるか、という能力の有無をためすのである。それが「士」と「庶」を分かつ境界だったからであり、科挙はその測定を目的としていた。

しかし「士」「庶」という階層差別は、科挙に先んじてできあがっていた。両者を分かつ契機・方法は、もともと血統や家柄だったのである。科挙ができ、定着するまでの時代、紀僧真のように出自が卑しければ、いかに才能が優れていても、「士」の素養を身につけていても、「士」として遇せられなかった。逆に、江斅のように門閥に属してさえいれば、たとえ聖賢の道に暗くとも、「士」として尊崇をうけ、立身出世できたのである。

こうした理念と実情の乖離する不条理を矯めようとしたのが、科挙だった。これで素養のある者が、名実ともに「士」となりうる。科挙が定着して以後は、原則として誰でも、志望があれば受験することができたし、合格すれば「士」として遇された。

明清時代の科挙では、最終試験に合格して「進士」の学位を得るまで、おびただしい試験を受けなくてはならない。しかし、その第一関門の諸試験に合格すると、それだけでもはや、一般の庶民とは身分が違う。まず衣冠が異なるし、官僚と対等の交際も可能となる。庶民はかれらに会えば道を譲り、集合している場所にかれらが来れば、どれほど年長の者がいても、最も上座にすえるのが普通であった。

つまり科挙というのは、「士」「庶」の階層差別・重層社会を前提として、それをより合理的に正当化するために生まれたものにほかならない。実地に政務をおこなう官僚にふさわしい人材を選抜、登用するためのものではなかった。そこをはき違えてはならない。

†特権階級の形成

それでは、「士」として遇される、とはどういうことか。中国史上のエリートとは、いかなる存在なのか。それは一言でいえば、特権階級だということである。

いかなる特権なのかは、少し説明がいる。『孟子』滕文公上に、「心を労する者、人を治め、力を労する者、人に治めらるるは、天下の通義なり」という。つまり中国古来の通念によれば、政治の場では必ず、治める者と治められる者が存在し、前者は頭をつかい、後者は体をつかう。これが「士」「庶」の区別に対応していた。実際の行政も、治める「士」の指示にしたがい、治められる「庶」が労力を出しあって、運営すべきものとされる。その義務的、強制的な労働奉仕を「徭役《ようえき》」と称した。

これはさきにみた財政のありようとも関わっている。庶民が必要な労力を拠出すれば、行政のコストはまかなえるはずだから、なるべく租税の賦課はしない。これが古来の理想であって、財政構造が切りつめたチープ・ガバメントになりがちなのも、こうした思想が作用していた。

しかし現実は、理想どおりには運ばない。切りつめた少額の財政とは、税収の不足分を、庶民の労働が補っていたのと、事実上は同義である。その労働はしたがって、しばしば課税に転化したし、さらに税収が不足すれば、労働奉仕を再生産し、あらためて補わざるをえない。一般の人民にとっては、公式の租税よりも、徭役ないしはそれが転化した課税のほうが、はるかに重い負担で、苦痛だった。租税は恒常的で率・額が決まっていたのに対し、徭役の負担はこのように臨時的恣意的で、しばしば際限がなくなり、しかも記録に残らなかったからである。

「士」は治者の立場で頭脳を用いるから、肉体を用いた労働奉仕にあたるには及ばない。徭役を免ぜられる、肉体を労しない、というのが「庶」と判然区別される「士」のステイタスのあかしである。一般庶民が苦しむ徭役・課税の負担をしなくてもよいのだから、大きな特権にほかならない。ほかにも刑罰が軽い、行政上の便宜がある、などなど数えていけば、特権はいくつもあろうが、経済的に最たるものということで、ひとまずこれをおさえておけば十分である。

†科挙存続のメカニズム

北宋時代に定着して以降、千年の長きにわたり科挙が続いてきたのは、一にかかって、この特権に理由がある。何しろ科挙に合格すれば、免役・免税の特権をえて、本人の富貴が保証されるのはもとより、その一族・関係者にもその余沢がおよぶ。人々が争って科挙を受け、「士」となろうとしたのは、一身の利禄獲得と一家の財産保持という利己的、経済的な理由によるのであって、四書五経に記す高邁な聖賢の道を習得、実践するためではない。

もっとも、古典漢文は難しい。それは日本人のみならず、今昔の中国の人々にとっても、同じである。経書にせよ史書にせよ、多大の時間と努力を費やさねば、その読み書きは会得できない。それを試験として出題する科挙は、今とは比較にならない恐るべき「受験地獄」であった。

最も基本的なテキストの四書五経だけでも、四十三万字あまりある。これを暗記するのは当然であり、かてて加えて、それに数倍する注釈書をマスターせねばならない。史書・

文学も欠かせないし、詩文を作る練習も必要である。ぜひ先生について学び、専心努力しなければならない。誰もができることではなかった。聡明で暗記にひいでた能力・良好な勉学環境をととのえる財力など、条件に恵まれた少数の人々しか、科挙を受験して、なおかつ合格することはかなわない。

そこで優秀な子弟が一人でもいれば、科挙を受けさせるために、周囲の人々はこぞって、投資援助を惜しまなかった。もちろん、特権ある「士」になった後の見返りを期待してのことである。

それほどに難関で、厳しい競争であるから、不正も当然はびこる。カンニングはもとより、替え玉受験も横行した。さらには、出題者・試験官を抱き込んで、気脈を通じることさえ、行われたのである。

競争に勝ち抜き、めでたく合格してしまえば、苦しんだ元受験生も、喉もと過ぎれば熱さ忘れる。いったん「士」になってしまえば、既得の資格・権益を守るため、合格した科挙を支持し、その子弟をまた、科挙受験のために教育した。こうした循環によって、科挙が根づいてゆく。

では、「士」になれない人々はどうするのか。条件にめぐまれない「庶」は、少しでも負担を回避するために、その家族・財産もろとも「士」のもとに身を寄せて、その特権にあずかろうとした。自分が独立した財産をもっていれば、租税も納めなくてはならぬし、労働奉仕もまぬかれない。ところがその財産を「士」に寄進し、自身も使用人としてその家の一員になれば、「士」の免役・免税の恩恵が及んで、負担が軽減される。そればかりか、その「士」の威を借りて、自分と同じ「庶」よりも有利な地歩を占め、上に立って見下すことも、不可能ではなかった。

もちろん「庶」に対する「士」の抑圧・搾取はやまなかっただろうが、それでも庶民が自ら政府権力に向きあって、直接に負担するよりは、はるかにましだった。「士」とは「庶」にとって、租税・徭役をはじめ、収奪をことする敵対・抵抗の対象だったばかりではなく、このように頼るべき存在でもある。「庶」が内心はどう思おうと、「士」を「士」として利用した以上は、かれらも消極的にせよ、科挙を支えていたことになる。

図表7　カンニング下着（部分）

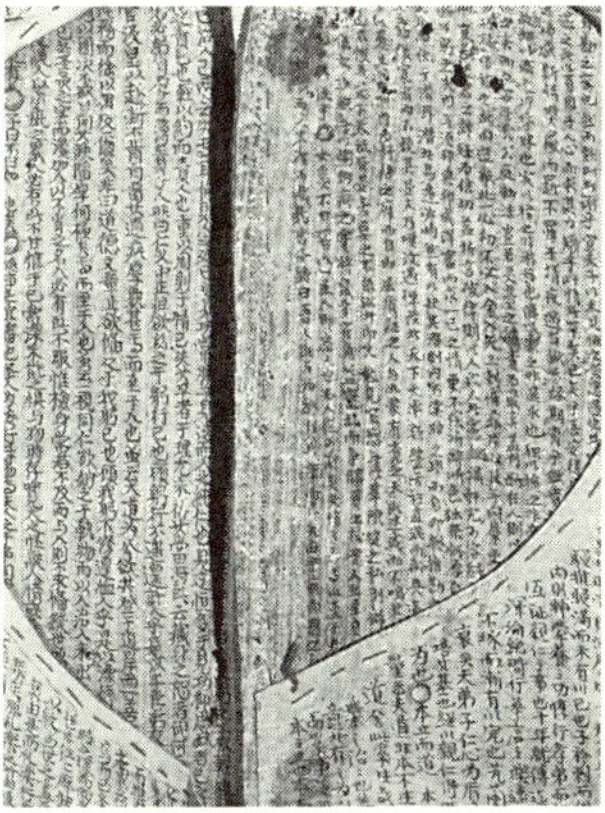

「四書五経」とその注釈、約70万字が写されている。（写真提供）藤井斉成会有鄰館

かくて社会全体が、科挙と「士」「庶」の階層を固定化する方向をたどっていった。

†官僚制のありかた

それは優秀な子弟と教育コストのほとんどが、科挙の受験準備に投入されることをも意味する。科挙の準備教育は中国じゅうに普及し、一九世紀末の華北では、男子五人に一人という就学率だった。

その教育とは、古典を叩き込み、その注釈書もふくめて一言一句、丸暗記させ、固定的な様式の文章を綴らせることにほかならない。それで経典を諳《そら》んじ、史書に詳《つまび》らかになり、詩文を作ることはできるだろう。しかし実地の行政ができるかどうかは、未知数である。

こうした点、われわれの普通に想起する教育とは、決して同じではない。多かれ少なかれ実用の専門技術や職業意識を身につける、現実社会に役立つそうした人材を養成する、という発想、あるいは理想にもとづく公的な課程が、現代の教育である。それを教育とよぶのなら、史上の中国には、科挙のために教育そのものが存在しえなかった。

実用実務はあくまで、非公開の私的な領域で、徒弟的な習熟を通じて体得するしかなかったし、それを身につけた人も、社会的に決して尊重されない。「君子は器ならず」。経済であろうと、工芸であろうと、医術であろうと、なべてスペシャリストは偏頗《へんぱ》なものであって、それゆえに地位は低いのが、中国社会の歴史的な通念・原則であると同時に、また実際のありようでもあった。

それは行政でも法律でも、ほとんど同じである。要するに、官僚とはいいながら、あらかじめ実地の行政を深く研究することはない。任官したあとも、それは同じで、ほとんどの場合、政治の実務に熟練しょうという気もなかった。西洋人が中国の伝統的な官僚をmandarin といって、bureaucrat, administrator と呼ばなかったのも、一理ある。

では、何をしていたのか。これは当の中国の官僚たちには、日常あたりまえのことだから、とりたてて語ってくれない。外の観察者に聞くのがよいだろう。以下は三十年以上の中国勤務の経験をもつアメリカ人モース（H. B. Morse）が、二〇世紀のはじめに記した評言である。

中国の官僚は当節、行政官（administrator）ではなく、徴税官（tax-collector）というべきである。もっともその税収は、西洋では公財政が負担する警察・裁判・道路・教育・消防・衛生などの費目に、ほとんど使われることがない。われわれの見聞の狭い西洋のみかたでみるかぎり、中国の官僚は、自己の保存、および自分の同僚・上司・部下の生存のためだけに存在しているといえる。(Morse, *Trade and Administration*)

行政はほとんどしない。やっていたのは「自己の保存(his own maintenance)」だ、というのが「西洋のみかた(Occidental mind)」による中国官僚像であり、われわれにも最も理解しやすい説明だろう。

その任務としてよくいわれるのは、「銭穀」と「刑名」である。前者は徴税を、後者は刑罰を意味する。ほかに仕事はなかった、といっても過言ではない。人の生命と財産を、強制的かつ合法的に奪いうる、という権力の最も権力らしい根幹の部分しか、統治・行政の実務が存在していなかったわけである。われわれからみれば、その見返りとしてあってしかるべき、被治者に対する生命・財産の保護は、必ずしも与えられなかった。それは、政治の不在というにひとしい。

官僚の存在理由《レゾン・デートル》とは、プリミティヴな権力しか体現、行使しえない「自己の保存」。官僚制末端の行政がこのような形態だったとすれば、財政収支が前節で述べたような項目・構成になっていたのも、納得できる。そこでいま少し、財政経済に関わるその行政ぶりをみてみよう。

†徴税と汚職

いわゆる「銭穀（徴税）」も、いまの税務行政を想像すると、誤解しかねない。「自己の保存」を旨とする当局・官僚からみるなら、自分が必要とする額さえ、税収として入って来さえすれば、とり方はどうでもよかった。とりやすいところからとればよいのである。だから直接の納税者は、ごくひとにぎりの富裕層にしかならなかった。いいかえれば、最終的な税負担者がだれであろうと、あるいはいかほどの金額を負担していようとも、あるいはどんな暮らしをしていようが、何らかまわない。

逆に必要とする額が集まらねば、法律にどう定めていようと、収奪を辞さなかった。その必要な額とは、公私問わず、官吏たちが自分に必要だと判断すれば、際限なく増える。

上にみたとおり、官僚たちに支給される正規の俸給は、きわめて少ない。すでに一一世紀、北宋の王安石が「下男の給料でも、これほど少ないものはない」というほどだった。そこで勢い、官僚たちは徴税を割り増すだけではあきたらず、賄賂・役得にも頼って、それを補うようになる。

それは現代社会の感覚でみれば、違法な汚職・腐敗にほかならない。けれども当時は「自己の保存」、生計の不足分を補うにとどまるかぎり、常識的な節度を大きく逸脱しないかぎり、とがめられることは稀だった。

しかしその節度・境界は、きわめて曖昧、しょせん自制の問題であって、そのタガは往々にしてはずれる。かくて「三年清知府、十万雪花銀（三年間、清廉な府知事をつとめれば、おびただしい銀が手に入る）」という慣用句もあるとおり、地方最末端の官僚でも、三年の任期内に子孫三代が遊んで食えるほどの財産ができるといわれた。こうして汚職を汚職と見ない感覚ができあがり、確乎不抜の風習となってゆく。それはどうやら、現代の中国にまで及んでいよう。

税は取ったら取りっぱなし、もちろん民生に還元しない。くわえて、汚職まがいの収奪も日常的。法外な搾取も少なくなかっただろう。民間が政府を信用しなくなって、権力から遠ざかっていったのも、そうした積み重ねの歴史的所産にほかならない。そこから、政府は「他のことにはかまわず、生きるも死ぬも人民の勝手にまかせていた」という孫文の評言も出てくる。これは逆にいえば、権力・官僚の側が収奪の対象とする民間社会から、すでに浮き上がっていたことを示していよう。

「士」「庶」・「官」「民」の二元構造に、公的な教育・政治の不在。一方通行的な収奪。これが少なくとも明清時代・数百年間にわたる、中国社会の基本的な特徴である。政府権力はいわば、乗っかっているだけで、とても社会を掌握していたとはいえない。

民間社会に権力のしめる地位が軽く、その掌握力も乏しく、頼るものは軍事力しかなかった。そのために、当局が社会に直接コントロールを及ぼそうとすると、逆にそれだけ煽動的・強権的・暴力的にならなくてはならぬ、というパラドクスに陥るわけである。明清時代に始まるこうした特徴も、現代の共産党の支配形態にまで、及んでいるように思われる。

3　民間社会

†「官」と「士」

中国社会はこのように、「士」と「庶」の階層に分かれ、権力は民間から浮き上がっていた。にもかかわらず、王朝政権は数百年の安定を保ち、社会も全体としてバラバラに解体してしまうことはなかった。それはいったいなぜなのか。

これは史上きわめて重大な問題で、現代の中国にも通じそうな論点だが、実証を経た、揺るぎない解答・定説など、もとより存在しない。しかし明清時代に関するかぎり、筆者なりの仮説を述べよ、といわれたら、まったく示すことができないわけでもない。

それは「士」と「庶」・「官」と「民」とが二極分解しながらも、なお分裂断絶はきたさず、どうにか統合を保っていた、もう少し正確にいうなら、離れた二者のあいだを、かろうじて接続するしくみがあったからである。

「士」と「庶」の社会的地位は、確かに隔たっている。けれども「士」に世襲はなく、庶民が科挙を通じて紳士となる以上、両者の関係がまったく乖離し、分断されてしまうことはありえない。たがいの貧富・貴賤がはっきり分かれてしまった後も、その距離が近接した時期や局面もあった。

たとえば長い動乱のあと、平和な時代を実現した北宋はそうであって、当時のエリート・為政者は、一般の人々の生活をよく理解していたといわれる。またモンゴル帝国の支配は、中国文明を盲信するものではなかったから、科挙も前代のようには実施されず、従前なら官僚・「士」たるべきエリートが、庶民とほぼ同じ境遇に置かれることも少なくなかった。

このようにみると、「士」と「庶」の関係は、隔絶遊離という情況ばかりではなかった。時代が下るとともに、分離分断を深めていったのは、「士」と「庶」よりもむしろ、「官」と「民」の関係だったというべきだろう。

これはいささかややこしい。ここまで「士・庶」と「官・民」とをほぼ同義として、論をすすめてきた。「官」・権力エリートの母胎は「士」なので、「官」「民」の関係は、「士」「庶」のそれと重なり合うことが多いからである。

けれども厳密にいえば、必ずしもそうではない情況も、やはり存在した。「庶」と「民」とは、同義でよいだろう。違ってくるのは、「官」と「士」である。なかんずく一四世紀末から一九世紀まで、王朝でいえば明清の時代に、それが鮮明になってくる。

†「士」の分化

一七世紀半ばまで三百年近くつづいた明朝という政権は、中国史上、異彩を放っている。ここに現代中国の一起点をみてもよいくらい、その時代は重要だといって過言ではない。そ

図表8　朱元璋

（出典）檀上寛『明の太祖　朱元璋』白帝社、1994年、57頁

の具体的な経済上の理由は、後でくわしく述べよう。ここでは、明朝政治のいささか常軌を逸した強権ぶりと、それに対する反応とをみておきたい。

明朝のなかでも、その建設者といってよい太祖朱元璋《しゅげんしょう》と息子の永楽帝は、大いなる専制君主であった。強烈な個性とエネルギーにあふれ、明朝一代の体制を打ちたて、内外の政治を主導したばかりではない。二人とも有力な官僚を迫害粛清し、万単位というおびただしい人々を処刑した史実も、有名である。その弾圧はとりわけ、経済先進地の江南の富裕層にくわえられた。これは財源を確保する必要と同時に、反抗的な有力者に対する見せしめの企図もあっただろう。

政権に対する「士」のあからさまな抵抗は、なるほどこうした威嚇で消滅したかもしれない。しかしその積極的な支持・忠誠心をも奪ってしまった。「士」の政府権力に対する態度は以後、愛想を尽かせた、ごく冷淡なものとなる。

かくて「士」のうち、政権を構成する「官」になるのは、官界での出世・利禄を主たる目的とする人々、あるいは渡世を送るため、心ならずも任官する人々がほとんどであって、いずれにしても、統治行政に無気力なことはかわりない。前代・後代に比べ、明朝の政治が劣悪だったように見えるのも、こう考えれば当然である。

もっともそんな「士」ばかりではなかった。官僚になっても、あるポストで任期がおわると、次の地位につくまでに時間があるので、その間は郷里で日を送る。引退すれば、なおさら郷里に引きこもるため、「士」と郷里とのつながりは、決して絶えることがなかった。さらにはじめから、あるいは途中で、官途に望みを絶った「士」もいる。かれらはやはり郷里・住地に腰をおちつけ、いっそうその土地に愛着をもって、住民たちと苦楽を共にしようとした。こうした人々を「郷紳《きょうしん》」という。

†郷紳の役割

一定の土地に住みついた郷紳たちは、科挙に合格した学位や元官僚の肩書を有し、特権的な地位を認められていたので、自ずとそこの社会のリーダーになった。このような「士」が増加し、その下に「民」が結集して、地域社会が力をもってきたのが、明代中国の特徴であり、その趨勢は一七世紀以降、清代にも継続する。

こうして、政治の劣化と「官」「民」の乖離にともない、「士」のなかで、「官」に任ずる者と「民」のそばに寄り添う者とが分かれてきた。「士」はあくまで、科挙を通じて生成されるひとつの社会階層である。ところが、その同じ「士」が二種の機能をもつようになったわけである。政府に入って権力にあずかる官僚と、地域にとどまりそこで指導層になる郷紳。地方末端の県レベルで、一八世紀ごろ安定に至った両者の関係を描くと、次のようになる。

知県（県の知事）は、税金の徴収と治安の維持とを除き、その他のことはすべて、その土地の人であり、しかもかつて役人であったか役人になる資格をもっているもの、すなわち郷紳に委嘱してしまう……。知県は〝親民の官〟といわれるが、実際には下郷して民に直接するようなことはなく、民も、一生役所になど行くことなくすめば、これにまさる幸いはないと思った。したがって官民の間は非常に隔絶しているのであるが、この中間に立って仲介の労をとるのが郷紳である。郷紳は官吏であったか官吏になる資格をもっているという点では官に等しく、官界の実情に通じている。逆に郷紳は、現職の官吏でないという点では民に等しく、民間の事情にも明るい。郷紳はちょうど官民の中間に位する存在であって、それが両者の中間に立つことによって、県政は円満に行なわれ、社会の秩序は保たれるのである。（市古「郷紳と辛亥革命」）

郷紳は軍隊を背景にもつ官僚になるべくたてつかず、むしろかれらに頼って、生命と財産の安全を保つのを得策とした。徴税・治安はかれらに任せ、それ以外は自分たちが掌握する。地元の事情に通じない官僚は、民衆を指導し把握する郷紳の機嫌をそこなわないようにつとめ、かれらに協力を求めて、徴税・治安の実効をあげた。

郷紳のなかには、私的に官僚のブレーンとなって、顧問にあずかり、実地の行政を補佐する者がおり、清代にはそれが一般化した。これを「幕友」といい、集合名詞的にいえば「幕僚」「幕府」となる。同じ字面でも、日本語とは意味内容が異なるので、注意したほうがよい。この幕友の慣行も、官僚と郷紳がとりむすんだ関係の一種だといえよう。

官僚と郷紳とは、このようにいわば持ちつ持たれつの関係である。それも当然だった。もともと郷紳は、官僚を輩出する「士」という同一母体から派生してきたものだからである。その存在が、官僚制と民間社会をかろうじてつないでいた。

†中間団体とその機能

それでは、こうして官僚制から隔たって、いわばつかず離れずの状態となった民間社会は、どのような組織をとっていたのか。

この問いに一言でこたえるのは難しい。そもそも広い中国のこと、時と場合によって、組織のありようは千差万別、その形態も名称も一定していなかった。「郷紳」のように、どの事例にもうまくあてはまるような史料用語は、どうやらなさそうである。しかしその条件と原理は、ほぼ共通しているから、あえて単一の術語でくくって概念化したほうが、理解に便利なのはまちがいない。そこで、ひとまずこれを中間団体と呼んでおこう。もちろん、当時にはなかった称呼である。

その性格と機能をみるのは、こちたき学説をくみあわせて説明するよりも、やはり同時代の観察と論評につくほうがわかりやすい。以下は日本のシナ学・東洋史学の開祖・泰斗にして、一代の碩学・内藤湖南の一九一四年、中華民国発足直後の記述である。

地方の人民と云ふものは全く官の保護を受けると云ふ考は無くなつてしまつた。地方の人民に取て総ての民政上必要なこと、例へば救貧事業とか、育嬰の事とか、学校の事とか、総ての事を皆自治団体の力で為ると云ふことになつて来た。……救貧、衛生其の他の義務的の事業も、皆地方の人民が勝手に経営して居るのである。甚しきは警察の仕事までも、各自治団体で自治区域の兵を養ふ。即ち多くは無頼漢に一方に職務を得させ、さうしてそれを以て又無頼漢を防ぐ方法を執つて居る……（内藤『支那論』）

ここで「自治団体」というものを、かれは別の文章で「郷党」といったり、「郷団」といいかえたりしているが、ほぼ同一物の中間団体である。この引用文を、七九頁で引いたモースの文章とつきあわせてみると、西洋でいうところの具体的な行政は事実上、中間団体が担っていたことがわかる。

内藤湖南はまた、さかのぼって二〇世紀のはじめ、「清国改革難」という文章で、

郷紳なる者は則ち郷党の勢力を代表する者にして、天子の命吏《かんりよう》以外に在りて、実際の民心を繋け、実際の政治を掌る。（『内藤湖南全集』三巻）

ともいっており、その組織が郷紳をリーダーとしていたことも、確認できる。「郷党」「郷団」、あるいは「郷紳」という場合、その「郷」とは、要するにローカルな、狭い範囲を指す。つまり中間団体の「自治」的な行政機能は、地元・地縁の範囲にとどまり、その埒外に及ぶことはなかった。

†宗族と同郷同業団体

内藤湖南は「郷党なる者は、大抵同姓親族の発達せる者」というから、いまの術語では、おおむね「宗族」を指しているように思われる。宗族とは、姓を同じくし祖先を同じくし祭祀を共にする父系の血縁集団のことで、ひとつの宗族のなかに、いくつもの家族を含み、大きなものでは、それだけでひとつの村落・聚落をなす規模があった。

宗族が有力な中間団体であり、その大多数をしめていたのは、おそらくまちがいない。しかし中間団体は、それだけではなかった。郷紳といい、宗族といい、イメージできるそのローカルな地域社会とは、おおむね農村である。商工業を主要産業とする都市でも、中間団体がなくてはならない。

その都市に根を張ったのは、同郷同業の団体である。これを漢語で一般に、「幇《バン》」「行」「会」という。「行幇」「行会」「幇会」など、それぞれ組み合わせて熟語にしても、意味はかわらない。施設に着眼すれば「会館」「公所」とも呼ぶ。

同郷だから地縁で結集するし、地縁は多くの場合、血縁と重なる。そして同郷はしばしば、同業と同義である。たとえば一九世紀後半の上海では、寧波幇といえば金融業者、潮州（広潮）幇といえば砂糖・アヘンをあつかう商人だった。

このように、血縁・地縁と生業を紐帯《ちゅうたい》にしていた点、同郷同業団体も宗族といちじるしくかけ離れたところはない。むしろ同質の集団とみたほうがわかりやすい。

指導者が「士」であったところも、「郷党」・宗族と共通している。同郷同業団体のリーダーも郷紳と同じく、おおむね科挙の学位を有する紳士であり、したがって官僚たちとの関わりも深い。

ただし、これを宗族の場合と同じく郷紳と呼ぶと、「郷」の字で農村をイメージしかねないので、区別して「紳商」「紳董《しんとう》」などと称するのが、通例である。「董」とは幹部・リーダーの謂であり、もちろん富裕な大商人が任じた。

こうしてみてくると、都市でも農村でも、紳士が指導する中間団体に、庶民が結集していた、という同一の構造がうかびあがってくる。官僚制はその上に乗っかり、郷紳・紳商を介して、農民・商人に統治を及ぼした。政府当局がふつうに接触したのは、農村での郷紳と同様に、都市でも中間団体の上層に位置する紳商のみである。重大任務の徴税も、かれらだけを相手にして、その納税を通じて行っていた。それ以下、団体内部のことには、原則として関与しなかったのである。

†人口増加とその影響

以上が明清時代の民間社会の基本構造だったとすれば、中間団体の機能は、決して看過できない。内藤湖南の言にも述べるとおり、実地の「民政」事業はほとんど、そうした団体が実行したところであり、宗族が農村自治の、同郷同業団体が都市行政の大部分を担っていたことになるからである。逆にいえば、個々の庶民はそうした中間団体に属さなくては、生命・財産の保護を受けるあてがなく、秩序だった生活を送ることが不可能だった。

もっとも、血縁・地縁・生業を基本的な紐帯とする以上、その範囲が一定のひろがりを超えることはありえない。まったく職業も関係なく、見ず知らずで、縁もゆかりもない赤の他人ばかりと同一の中間団体に属する可能性は、ほぼ絶無であった。内藤湖南が「郷党

図表9　上海の会館・公所数

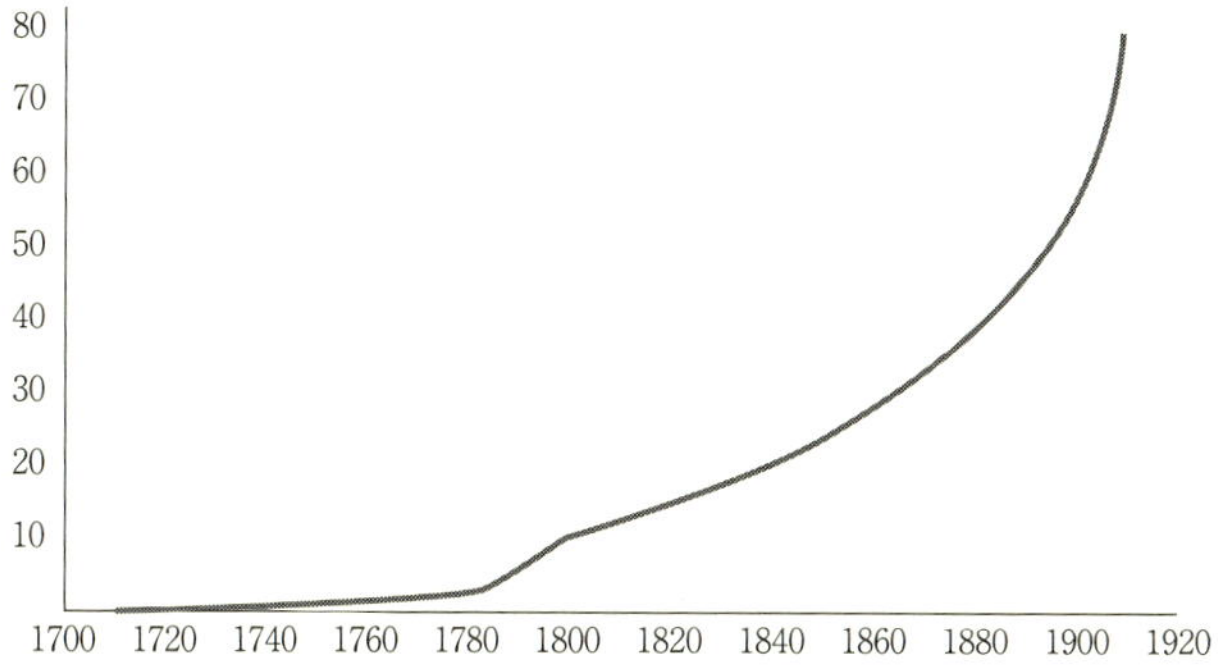

（出典）Elvin, *Pattern of the Chinese Past*, p. 277

以外は尽《ことごと》く路人なり」と表現したのも、そうした事情を物語る。

それなら中間団体の規模が、際限なく大きくなるはずはない。人口が増えたなら、それに応じて、各々の団体が拡張してゆくのではなく、団体の数が増えることになる。

図表9は一九世紀の半ばに開港した上海の事例を示したもので、とりわけ人口が激増した都市域において、会館・公所の数がいちじるしく増えてゆく様相をみてとれる。こうした現象も、上のように考えると、容易に理解できよう。

それは当然、都市だけで起こっていたことではない。農村もほぼ同じである。この場合はまず、もっとも基層にある村落、およびそれを構成する中間団体が増え、ついでそれらの間を結びつける市場町の

「市鎮」が増殖し、その密度が高くなる、という過程をたどった。このプロセスはすでに、四五頁図表2で跡づけたとおり。市鎮が明清時代を通じておびただしく増殖したのは、その結果なのであり、中間団体のリーダーたる郷紳は、多くこの市鎮に居住した。

†移住民の動向

人口の増加と並行して、沿海の交通も盛んとなり、人々は商業に従事するため、あるいは労働力として海外へ移住する。いわゆる華僑とチャイナ・タウン（唐人町・中華街）の普及であって、その中核には必ず同郷同業団体が存在した。そもそも華人移民個々の生命・財産を守るべき権力がないという点では、海外は中国内以上である。中間団体が設けられるのは当然だった。今でも世界各地の中華街に必ず会館があるのは、その名残である。

海外移民ばかりではない。中国内の移住もまた、著しかった。たとえば、一八四二年・開港以後の上海は、そんな移民都市の典型であって、そこに中間団体も増える。上にふれた寧波幇や潮州幇は、同業の団体であると同時に、同郷移住民の団体でもあった。これに類するものが、一八世紀から一九世紀にかけて、都市・農村、あるいは平地・山林を問わず、中国全土にひろがったのである。

一八世紀後半に急増した人口を養う生産は、移住民による未開地の開墾でまかなわれた。もとよりその生活は、決して楽ではない。開発をへた生産力の高い有利な土地は、すでに多くの人が住んでいて、移住入植できる余地は少なかったから、移住民が暮らせるのは、どうしても不利な条件の地理環境となる。山林を切り開き焼畑として、農業を営んだ。

傾斜地に施す略奪的な農法で、安定した収穫がみこめるはずはなかった。また自然環境を破壊し、災害の危険も高まる。いかに条件の悪い土地であっても、まったく先住民がいなかったわけではない。かれらとの軋轢も生じ、迫害も受ける。そんな条件のもと、生存競争は激化し、移住民が既成の社会で成功するのは、いよいよ難しくなっていった。

前途に失望した人々が、既成社会とはちがう、自分なりの規範や秩序を作ろうとするのは、当然のなりゆきともいえる。かくて一八世紀後半の人口増加とともに、通常の秩序から逸脱しようとする動きが顕著になってきた。

†秘密結社の叢生

既成の社会・通常の秩序というのは、上で見てきたように、民衆が縁故を通じて、中間団体に結集すること、その指導者として、郷紳・紳商を戴くことにほかならない。いかに既成・通常とちがうといっても、その行動様式が特別にかけはなれていたわけではなかった。既成社会の秩序から逸脱した人々も、中間団体を設けて、そこに結集したのは同じである。異なるのは、指導者と結束の紐帯だった。

郷紳にせよ紳商にせよ、科挙合格者の「士」であることにかわりない。その科挙は政府権力が実施する登用試験であり、その内容は体制教学の儒教である。それを身につけた「士」なればこそ、同質の「官」・政府権力と接合できて、中間団体・民間社会との統合が保たれた。

では、中間団体が儒教を信奉せず、その指導者が「士」ではない場合、どうなるか。「官」・政府権力とイデオロギー・価値観・風習が共有できず、良好な関係を保てない。逆にいえば、既成秩序から逸脱し、政府権力に背こうとすれば、「士」に非ざる者を中間団体の指導者として戴き、体制教学の儒教とは異なるイデオロギーを奉ずればよいことになる。

これが政府のいう「淫祀邪教《いんしじゃきょう》」にほかならない。たとえば当局から邪教・禁教とされた白蓮教・キリスト教、あるいはムスリムや客家《ハッカ》など、儒教とは異なる宗教・習俗、別のエスニシティがそれに相当する。

われわれはこうした団体を秘密結社と称することが多い。「秘密」というのは、反政府的な色彩を帯び、地下組織となるため、その実態が知りがたいからである。また種別もたくさんあり、呼称も一定しないから、いよいよわかりにくい。けれどもまったく区々、バラバラだというわけでもない。

清代で有名なのは、長江以南の天地会・三合会などがあり、そこで「会党」と総称したりする。一九世紀の半ば、太平天国を起こした上帝会は、さしづめ移住民・キリスト教で結束した会党だった。やはり著名な秘密結社に、青幇《チンバン》・紅幇《ホンバン》というのがあり、こちらは「幇」である。

このように通常の中間団体と共通した命名も、その基本的な組織原理が同じであったことをうかがわせる。そんな秘密結社の性格を一言でまとめれば、

> 教匪でも会匪でも、宗教主義だとか、種族主義だとか政治主義だとかの主義の運動などとは考ふべきものでなく、支那の政治が人民の福利を増進し、繁栄を齎らし、其の真の要求を充さんとするものでない為め、人民が政治以外の手段に依つて自から其の福利を求め繁栄を図らんとする運動に外ならない（矢野『現代支那概論』）

という戦前の叙述が至当であろう。「教匪」は白蓮教徒、「会匪」は天地会を指す。
団体の結束を維持するためには、経済的な裏づけがなくてはならない。通常の中間団体なら、政府権力もみとめる合法的な生業・産業が、それに相当する。秘密結社はそれに対し、当局がその存在じたいを認容しないのだから、自ずと禁制品の取引や生産に従事せざるをえない。

この種の取引で中国史上、最も有名なのは、専売品の塩を密売した私塩商人である。ほかの時代は別に考察する必要があるけれど、少なくとも清代にそれが蔓延したのは、上のような経過をたどってのことだった。もとより私塩に限らない。一九世紀の前半は、麻薬のアヘンの密売集団が有力な秘密結社であった。

一九世紀の世相と社会構造

禁制品の売買が発覚すれば、もちろん官憲の弾圧にあう。それに対抗反抗するため、秘密結社は団結を強め、大がかりな武装をすることも少なくない。こうして反政府的な軍事力が形成され、それが局地的な騒擾《そうじょう》を起こす。それに対抗して、一般の中間団体も、自衛のため武装した。

清代でいえば、自警団の「団練」、義勇軍の「郷勇」がそうした軍事力に相当する。その本質は武装した秘密結社と大差なく、容易に一方が他方に転化しえた。明末清初の一七世紀、清末民国初の一九世紀・二〇世紀の中国で、全国的に治安が悪化したのは、ここに根本的な原因が存する。

局地的な騒擾が時を同じくして継起し、組み合わさったりすると、全国的な変乱に発展することもあった。一八〇〇年前後の白蓮教徒、一九世紀半ばの太平天国、一九〇〇年の義和団と、ほぼ五十年ごとに起こった内乱も、いわゆる秘密結社がその中核となり、周囲の結社・団体をとりこんで大きくなったものである。

それぞれの大乱が発生、拡大した動機・契機・経緯は異なっても、そのしくみは少なからず共通していた。そこから一八世紀・一九世紀を通じて、中国の社会構成の基本的な原理に、ほぼ変化がなかったこともみてとれよう。

その世相をスケッチした、これもやはり戦前の味わい深い描写を、ひとつ紹介したい。

支那は数千年来徳治主義の政治であつたから、法治主義の政治の国と違ひ、必ず政治の及ばぬ範囲があるのであつて、其の範囲は相当に広いのであるから、土匪群盗の様な政治に反抗的の不逞分子は所在に潜蹤逃匿し、或は横行跳梁することが出来るのである。これは朝廷の威力が盛んで、紀綱の振粛し、仁政の比較的よく行はるる様な時代にも免れない。……土匪群盗や游民ばかりでなく、土着の人民も随分政治の及ばぬ範囲にある様に考へなければならぬ場合がある。……仁政が行はれて、地方官に苛派勒索のことがないからと言つて、必ず叛乱が起らないと云ふ訳ではない。盛世だから叛乱がなく、衰世だから叛乱があると云ふ訳ではない。何時でも何処でも機会があり隙があれば蜂起萌生せんとして居るのである。（矢野『近代支那史』）

主として清代、とりわけ一九世紀はじめ、嘉慶年間の中国を念頭に置いて、「叛乱」という現象を説明した叙述である。しかし「徳治主義」「法治主義」といっても、これだけではわかりづらい。「法治主義」とは西洋近代国家、あるいは同時代の近代日本を指しており、それに対置して、清代中国の社会構造と政治形態を「徳治主義」と表現した、とみることができる。

端的に両者の相違を示すなら、四九頁図表4のふたつの三角形であらわされるといって

図表10　社会構成1（明清時代）

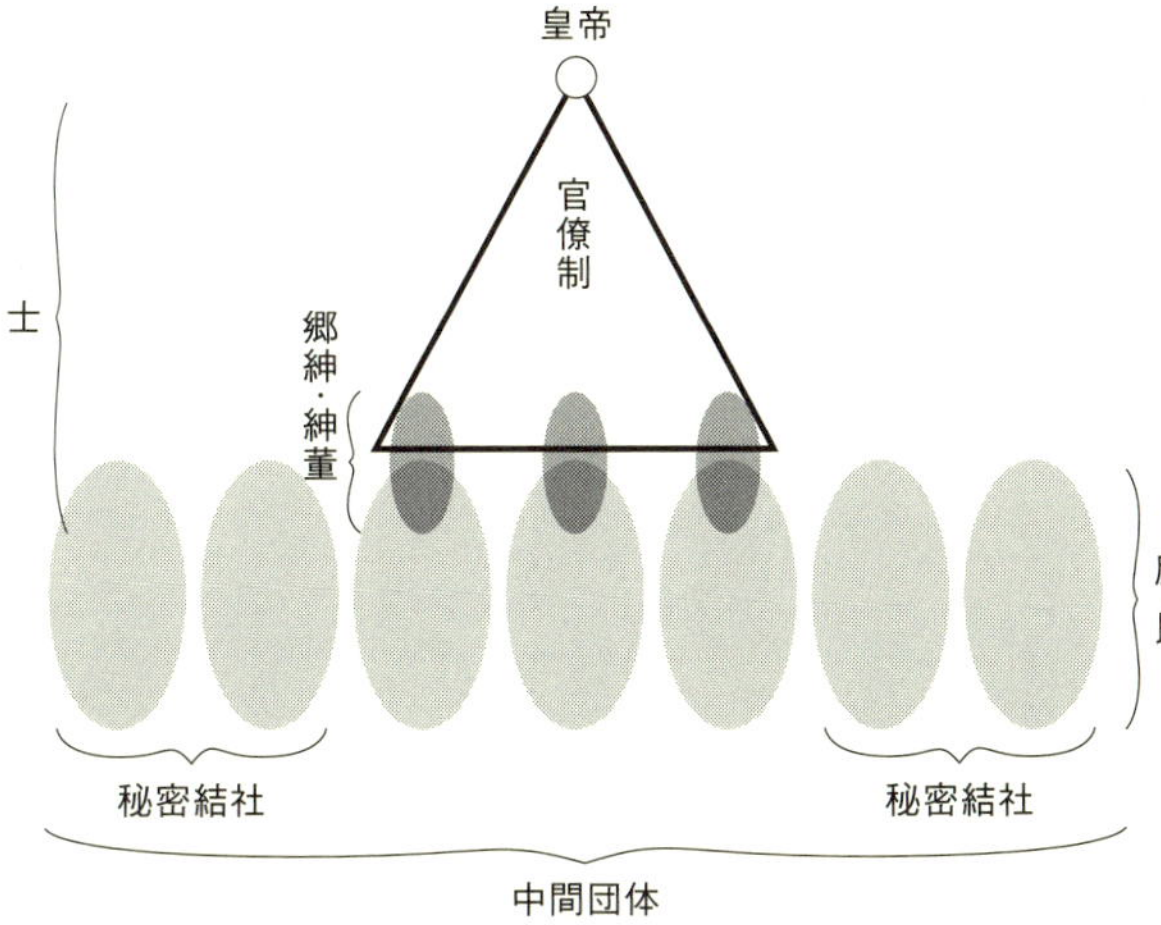

よい。形のちがいは、市場町・「市鎮」の数の厖大な懸隔によって生じる。そうした聚落は権力の浸透度が弱く、いわゆる「政治の及ばぬ範囲」にあるものにほかならない。何となれば、そこ以下を牛耳っていたのは、おびただしい中間団体、あるいは秘密結社だからであり、それが「政治の及ばぬ範囲」の広大さに直結している。

その「範囲」に「土匪群盗」「游民」はもとより、「土着の人民」も属し、各々いずれも団体・結社を設け、独自の秩序を打ちたて、武装さえしていた一方で、権力に従順かどうかは、それぞれに相違があった。そこで**図表4**の三角形の内部構造をごく粗く描くと、図表10のようになる。「徳治」つまり体制イデオロギーを信奉し、政府権力の統治を支持すれば、従順だったであろうが、さもなくば、ただちに「政治に反抗的の不逞分子」となりうる。したがって時と場合によって、その順逆もたやすく変化転換しかねない。局地的な騒擾が起こるかどうか、あるいはそれが全国的な「叛乱」に拡大するかどうかは、数ある秘密結社・中間団体の向背いかんにかかっていたわけである。

明清時代の民間社会はこのように、「官」「民」の乖離からできあがった中間団体の集積・複合で成り立っていた。この構造を抜きにして、中国の経済を語ることはできない。

Ⅲ パフォーマンス
——明清時代と伝統経済

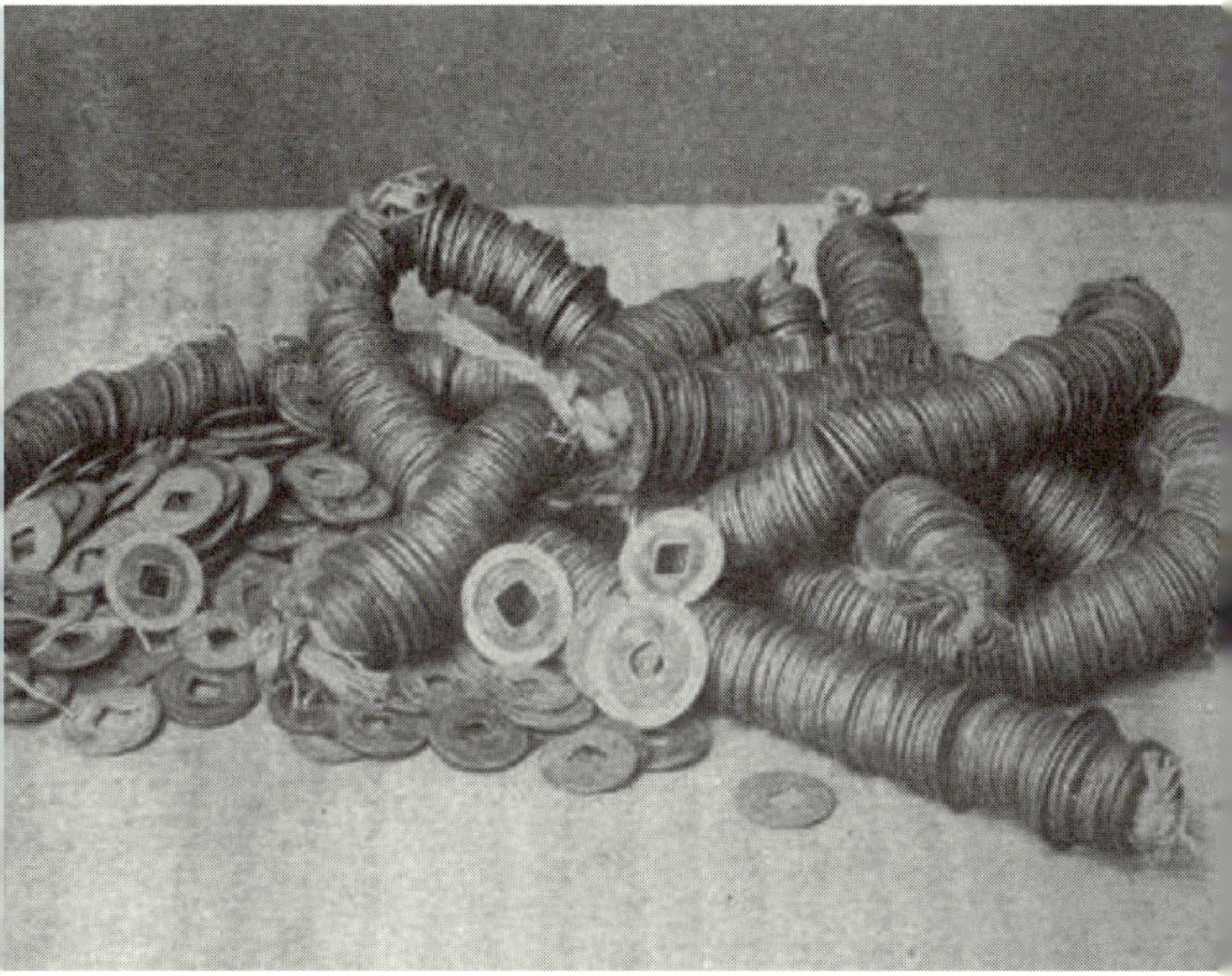

performance

銅銭（出所：Arthur H. Smith, *Village Life in China*, 1899, p. 51.）

1　思想と行為

†言行不一致の中国

中国史上の経済を論じるのが難しいのは、それに関する当時の思想言説がまとまっておらず、また今日の見地からして、正確ではないことも、その一因である。西洋では種々の経済思想が、経済学という体系的な学問を生み出したから、その系譜はみえやすいし、内容の正確度もはかりやすい。中国はそうならなかった。

だからといって、経済に対する思想や観念がまったく存在しなかったわけではない。断片的な思想言説をとりあげ、その特徴および現実との関係を確認してみることが、中国の経済事象を知るためには、まずなすべき作業であろうか。

近年の話から。現代中国の経済発展の初動は、周知のように、それまでの社会主義の計画経済から、「改革開放」に転じたことにあった。その結果、唱えられたのは、「社会主義市場経済」というスローガンであり、いまなお中華人民共和国の経済体制の公称をなしている。

いまでこそ誰も異としないけれど、当初この概念に驚倒した経済学者は、少なくなかった。社会主義と市場経済という、あいいれない概念の組み合わせが、論理・学理的に矛盾したものだったからである。

「社会主義市場経済」とは、いろんな定義・説明があるけれども、とどのつまりは、共産党の独裁支配で、資本主義の「市場経済」を実施実現する、という意味にすぎない。そこでの「社会主義」・計画経済は、イデオロギーと支配方式にほかならず、それが現実の経済活動に必ずしも直結しないのである。

こうしたことは、経済体制の称呼に限らない。具体的な制度の面でいえば、単一の国民経済でありながら、つい二十年前までは外貨兌換券と人民元の二重貨幣だったし、いまなお都市と農村の二重戸籍である。いずれにしても、大いなる言行不一致であって、政治上の主張・政策と経済上の施策・実態が一致していないといってよい。そもそも国のありようからいっても、中華人民共和国は統一した国民国家だと標榜しながら、いわゆる「一国二制度」を布き、また大きな民族問題をかかえ、さらには台湾の存在もある。

このような言行不一致は、別にいま始まったことではない。それに類することは、中国史上いくらでもあった。だからこそ、王陽明の「知行合一」説も生まれたのである。それはむしろ過去の継続というべきで、歴史が形づくってきた、経済にとどまらない中国の本質のひとつだとみなすほうが、正しいのかもしれない。

†中国の統計

だとすれば、その多くはここまで論じてきた「国」と「民」の懸隔から説明できる。権力が社会の動きを把握できないがために、政府の発言・記録・主張も、中国全体の動向を十分に反映したものにならない。

たとえば、経済統計である。指標を数値化・定量化することで、客観的な正確さを担保するのが、経済学の分析であって、その素材をなすのが、統計にほかならない。誤差のない統計はそもそもありえないけれども、補正すれば使える数字が存在するというのが、経済分析の前提であろう。しかし史上の中国は、その前提じたいが疑わしい。

統計 statistics とは、「state 国家」という機構と不可分のものである。その state が経済社会とその動きを、曲がりなりにも把握したればこそ、統計を作成できる。それは史上の中国では、およそありえない事態だった。

もちろん中国史に、数値データがないわけではない。それどころか、当局が関わる範囲では、細密な数字がおびただしく存在する。しかしそれは、ごく狭い領域に孤立する数値であり、いたずらに詳しく細かいだけで、全体的な実態をほとんどあらわしえない。

たとえば、明代の課税帳簿には、江南地方の徭役わりつけの額として、

銀八厘四毫六糸二忽八微四織

という数字がある。換算すると、およそ銀〇・三一五六六……グラムにあたり、現実に計量も徴収もできるはずはない。探せば、もっと細かい数値がいくらでもある。おそらく机上の計算で、帳尻を合わせるため割り出したにすぎない。
これをChinese accuracyといい、信用のおけない数値を譬える言い回しである。こんなものをもとにいくら計算しても、実徴額は出まい。つまり現実に使われていた数字ではなかったことになり、そうしたものが記録に残るわけである。中国の統計も、言行不一致の典型だといえよう。

だから経済の学問的な論述に必須の、定量的データにもとづく分析は、中国では二〇世紀のある時期までは、不可能だといって過言でない。それはいま現在でさえ、ある方面では厳然たる事実であろう。

現代中国の経済統計が捕捉しえない領域の存在は、「地下経済」として周知のことであり、GDPはじめ、公表される各種の統計数値の信憑性は、したがってかなり乏しい。それは史上の中国の権力・当局が、経済社会を把握しえなかった姿を髣髴させるものである。

†「ものづくり」と中国史

ここでは、当時のそうした言行不一致を、二つほどとりあげて、考察の手がかりとしたい。ひとつは、伝統中国に一貫した「重農抑商」という、いかにも儒教的な理念・通念、いまひとつは、一八世紀の末、清朝の乾隆帝がイギリスの派遣使節に述べたことで有名な「地大物博」という経済観である。

史上の中国は、人口の大多数が農民であり、これを農業国・農業社会とみるのが普通だろう。あるいはさきの財政でみたように、税収も土地税が多く、したがって地主も多かったから、権力も社会も農業を重視していた、といえるかもしれない。

観念上もそうである。中国の統治理念は古来、「重農抑商」であった。文字どおり、農業を重んじ、商業を抑えるという思想・論理である。たしかに中国の歴史記録では、農業は「本」、商業は「末」といわれ、どんな著述にも、そのとおりのことが強調してあって、枚挙に暇がない。

農業にとどまらず、生産・「ものづくり」というように文脈をひろげてみても、そうである。日本でも人口に膾炙《かいしゃ》する「士農工商」とは、中国でできたことばであり、「本」業たる農業に次いでは、工業が重視された。中国史の過程では、その大部分は農民の副業としての手工業である。農業と一括して、「ものづくり」とするゆえんである。

観念の上ばかりでなく、歴史事実の経過をみても、たしかに中国の生産力はすさまじい。量の多さはいわずもがな、生糸・絹製品、磁器や茶など、中国が開発創出した物産も少なくない。それらは長らく中国でしか生産できなかったし、またその間に、産品じたいが高度な発達もとげた。

これは過ぎ去った出来事にかぎらず、現在もあてはまる現象かもしれない。農産物は日本も少なからず輸入しているし、工業製品でも中国はいまや「世界の工場」である。むかしは手工業、いまは機械工業という違いはあっても、「ものづくり」の質・量は多くの時代、世界をリードしてきた。

それは農工各々の領域で、生産が発展してきたことを意味する。中国は歴史の各段階で、アジアのみならず世界にさきがけて、生産技術の革新を達成してきた。圧倒的な先進国だったといってよい。日本はじめ周辺国も、その先進的な生産力と向きあって、自らの経済をつくりあげてきた。日本史でいえば、日宋貿易にせよ倭寇にせよ鎖国にせよ、経済的にはすべて、中国物産と国内経済との関係を課題としたものであり、農業国・生産というイメージが中国に強いゆえんでもあろう。

†「重農」の虚構

しかしそうした農業・工業の動向は、中国が一体となってのものだったかといえば、それは多分に疑わしい。政府は農業・工業を尊重し、奨励した。王朝時代には「勧農使」なる官職があったし、政府による勧業の布告も少なくない。エリートもそう書き残した。それにまちがいはない。しかし実際の行為は、どうだったか。権力が農業や工業を産業として保護育成したり、その従事者たちを尊重しただろうか。答えは明らかに、否である。奨励は熱心でも、それはけっきょく口先にすぎなかった。具体的に何をやり、どんな成果があがったかは、多分に疑わしい。食糧政策は確かに存在した。だがその内容は、流通規制・倉儲政策・租税増減、あるいは飢饉時の救済というように、流通と徴税、あるいは災害に関わる政策のみ、生産・民生そのものに切り込む施策を実行していたわけではない。

そのため、政府権力が農業や工業を重視した行動をとるのは、むしろ稀だった、とみたほうが肯綮《こうけい》にあたっている。それが中国歴代の政府の体質、権力と社会・政治と経済の関係のありようを示すものであって、理念が現実とまるで逆だからこそ、かえって声高にそう言わねばならない、というところだろう。

土地の経営にしても、物産の創出・量産にしても、それは一にかかって、生産者の才覚と労働によるものである。それは「ものづくり」にほとんど関わらない局外者からみれば、あたかも自然物のように発生、存在するもの、したがって単なる収奪の対象にほかならなかった。

その局外者とは、特権を有し、純消費者階層をなしていた「士」、あるいは物産を流通させる「商」であり、生産者からほぼ隔絶して社会の上層を占める人々である。そのため、農業・工業に対し、実質ある国家的、あるいは社会的な尊重は生まれなかった。

大土地所有の是正が史上、長らく政策上の課題とならなかったのも、そこに原因がある。

技術の革新もしかり、スキルの形成もしかり。現在の中国で、たとえば著作権の尊重に関心が薄いのも、ブランドが生まれにくいのも根は同じ、そこに由来する問題なのである。なればこそ二〇世紀に入ってからの、国民党の産業保護・共産党の土地改革が、画期的だったのである。もっともその企図・効果・影響は、別に考えなくてはならない。

†「地大物博」と貿易

このことは、いまひとつの論点「地大物博」とも関わってくる。イギリスに対しその考え方を最も直截に表明した乾隆帝の発言をきいてみよう。

……中国は物産が豊かで満ちあふれ、ありとあらゆるものがある。不足を補うために、外国の貨物に頼る必要など、さらさらないのである。しかし、中国で産する茶葉・磁器・生糸は、西洋各国やイギリスで必需の品だから、恩恵を加えて優遇して、海港に専門の貿易商人を設けて、日用に困らないようにし、利益もあげさせてやっているのだ。

いわんとするところは、中国は「地が大きく物も博《おお》く」て自給自足できるから、まったく外国貿易を必要としないけれども、それではほかの国が困るだろうから、「中国」の恩恵として貿易をさせてやる、貿易を許してやるのだから、従順でなくてはならぬ、不満・要求をいいたてるのはまかりならん、ということである。

「反日デモ」を起こし、日本に経済的な制裁を加えた昨年の中国にも、何やら似たような発言・論理があった。貿易を政治と結びつけ、平等互恵の経済行為とはみなさない、こうした独善的、自己中心的な観念と論法は、いまなお息づいているようでもある。

だが、いま考えたいのは、そのことではない。中国の為政者・知識人たちが当時、対外貿易の価値をみとめないほど、アウタルキー的な経済観念に染まっていた事実にある。

この発言は一七九三年。その半世紀後には、同じイギリスとアヘン戦争をたたかい、敗れた。アヘン戦争の原因を一言で述べるのは難しいけれども、五十年前には顕著でなかったアヘンの輸入が、中国の政治・社会に変調をきたすほどに増大したことを、その重大な一因としてあげることに異論はないだろう。

それなら中国が貿易を必要としない、まったくの自給自足・アウタルキーの経済だったとは信じられない。アヘンはもとより、それ以前に輸出品の対価として輸入されていたものも、中国の社会経済に重要な役割を果たしていたにちがいないのである。

†商業の位置

もっとも、乾隆帝がこのように発言した真意は、別のところにあったのかもしれない。イギリスの要求を却《しりぞ》けるための方便、建前だった可能性もある。しかしこれは、この時だけ、またかれ一人だけの観念ではない。この前後、在朝の為政者も在野のエリートも、多かれ少なかれ共有していた感情・感覚であり、論理・主張だった。イギリスの側も、接触した中国の人士が外国の事物を軽視し、関心も希薄だったと記している。

外国との貿易が、経済景況を大きく左右する客観情勢と、国内経済をアウタルキー・自給自足とみなして、貿易を軽んずる主観認識との乖離。これはまさしく、ここまで論じてきた社会と権力との懸隔に対応する事態だろう。

「地大物博」・自給自足を誇るのは、豊かな生産力の誇示にひとしい。だとすれば、さきに述べた「重農」観念とも通じる一面をもち、「重農抑商」「士農工商」という伝統的な通念とも重なってくる。その農業尊重が、客観的にみれば、ほとんど行動をともなわない虚構だったことは述べたとおり、それなら「抑商」、商業の抑圧・商人の軽視も、やはり虚偽なのであろうか。

対外貿易はもとより、国内商業でも、あらゆる時代を通じ、あらゆる記録・著述において、商人は賤しまれている。そして商業は中国史上、ごく一時期の例外を除いて、農工業以上に権力の保護育成を受けたことがない。「重商主義」という思想も政策も、中国で存在は難しかった。そのかぎりで、商業・流通はまぎれもなく「末」業であり、確かに軽視・蔑視をうけていたのである。

それにもかかわらず、商業は一〇世紀以降、中国経済の内外にわたって確乎不抜の地位を築く。時期による消長こそあれ、一九世紀にいたるまで、その趨勢・形勢は変わらなかった。だからこそ、貿易が経済景況を左右しえたのである。商人の練達も著しい。明治の日本人も、華人商人を「東洋のユダヤ人」と称して、畏怖の対象としていた。

生産にせよ流通にせよ、記録に残る主観認識と史実の推移する客観情勢とに大きな開きがあった。それなら、歴史的な経済の実体・動向は、いかなるものであったのか。また、このような権力と社会の乖離から生じる言行不一致は、そこにどのような影響を及ぼしたのか。それらはさらに、時代の流れに応じて、いかなる変遷をたどってゆくのか。くわしくみてゆくこととしよう。

2　明朝の成立と中国経済

†唐宋変革からモンゴル帝国へ

すでに述べたとおり、一〇世紀の分裂争乱期をはさむ唐から宋への王朝交代は、中国史上、前近代最大の社会変革期として位置づけるのが、東洋史学界の定説である。その社会変革とは、もちろん経済の変革をも意味している。その内容をどのように理解、評価するかは、必ずしも学説の一致をみないものの、種々の変革があったことでは、ほとんど異論は存在しない。

江南デルタの水田化、米穀および茶・生糸・磁器など特産品の増産、穀倉地帯の江南と最大消費地の首都を結びつける大運河の整備、交通・流通の発達、鉱山採掘と金属量産、エネルギーの転換、金融の発達、人口の増加、都市化の進行など、そのめぼしいものをあげるだけで、数々の技術革新をともなう大きな経済の発展だったことが確認できる。それらを一言で括るならば、社会の商業化にほかならず、「商業革命」と称せられるのも、故なきことではない。

ただしそうした革新・「革命」が、中国全体にまんべんなく生じていたかどうかは、自ずから別の問題である。実際のところ、江南デルタから大運河ぞいの幹線地方を中核とした経済の発展は、あまりに突出、孤立していた。それ以外の地方、なかんずく内陸の山間部に広大な未開地が残っており、恒常的な開発は及ばず、大きな発展もみられない。中国の統一王朝としては、その版図が最も狭小な北宋だが、それを一元的な経済圏とすることは不可能だった。対内的な遠隔地の商業網すら、十分には発達していなかったからである。

すぐれた中国産品は、たしかに海外の市場を獲得しつつあった。けれども取引の恒常性・定着性・数量規模には、まだまだ限界があった。なお内地に後進地も残っていたからである。しかも中国をめぐる対外貿易のヘゲモニーは、前代と同様に、西方のムスリムが掌握しており、華人の進出は顕著ではなかった。中国経済は宋代にいたって一躍、世界最高の水準にまで達したことはまちがいない。しかし総体的にみて、その力量を過大に評価することはできないだろう。

ムスリムの商業資本と提携して、ユーラシア全域を制覇したのが、一三世紀のモンゴル帝国である。中国経済はその支配下で、開かれた全ユーラシアの市場と先進地・西アジアのノウハウをも得て、いっそう商業化の様相を深めてきた。

それまでにも使われてきた紙幣の普及は、その典型にほかならない。準備に銀を用いて、中国全土の財政経済の運営を紙幣に一本化したモンゴル政権の通貨政策は、すこぶる先進的で、以後の中国経済の帰趨にも、大きな影響を与える。

唐宋変革にはじまった中国の「商業革命」は、かくてモンゴル帝国で新たな段階に入りつつあった。ところがそれは、気候が寒冷化して、世界規模で天災・疫病・不況にみまわれた「一四世紀の危機」で、大きく挫折する。

モンゴル帝国がその権力の根幹とした草原・オアシス世界は、ティムール朝のもと、なお繁栄をつづけたものの、経済的な地盤沈下は覆うべくもない。もはや中央ユーラシアとムスリムの商業資本が、世界の中心を占めることはなかった。時代はこれを機に、陸から海へと転換をはじめたのである。

ときに一五世紀。中国経済もそのなかで、再出発を余儀なくされる。

†明朝のイデオロギーと現物主義

モンゴル政権に代わって、中国を支配したのが明朝である。明の太祖朱元璋は、南京を本拠として、長江流域に割拠した群雄勢力との争覇戦に勝ち抜き、一三六八年、モンゴル政権を長城の北に駆逐して、華北をも政治的軍事的に併合することに成功した。

朱元璋は異種族のモンゴルに代わって君臨するため、「中華」と「外夷」の区別、漢人の自尊という朱子学的イデオロギーを自らの正統性のあかしとして、内外に宣布した。ここまでなら、多かれ少なかれ、ほかの王朝でも思いあたる話ではある。朱元璋・明朝に特徴的なのは、それを建前だけに終わらせず、制度と政策で実行、実現しようとし、またそれを継続したことにあった。

そのさい朱元璋の念頭にあったのは、おそらく南北の経済格差であろう。華北はモンゴル帝国以前から久しく、江南と事実上の分離状態にあった。おそくとも一二世紀前半の金・南宋の南北対峙から、そうである。モンゴル帝国も、華北と江南で同一の統治をおこなっていない。華北はそのため、江南よりもむしろ北隣の遊牧民政権と結びつきやすくなっていた。

自らを「中華」と表明するには、その範囲が一つにまとまっていなくてはならない。そのためには、ずっと分離してきた華北を、自らが拠った江南と統合する必要がある。その経済的表現が、現物主義であった。

いま便宜的に現物主義と称したのは、なるべく貨幣を介在させずに、政府の財政経済活動を実現しようとする原則を指している。穀物なら穀物、飼料なら飼料というように、税を現物で人民から徴収して、政府当局もそれをそのまま消費した。官庁の必要とする労働力も同じく、ひろく人民から徴発したのである。

明朝がこんな現物主義をとったのは、当時の経済的な条件と政策上の志向が作用している。朱元璋の政権は戦乱に明け暮れ、勝ち抜いた軍事集団だったから、糧秣・兵器・衣料など、現物の調達をもっとも緊要としていた。

しかもそれに、モンゴル政権が実施してきた、紙幣制度の崩潰が加わる。政府発行の紙幣は一四世紀後半の騒乱で信用を喪失し、その裏づけをなした金銀などの貴金属や銅銭は、流出し、あるいは退蔵され、流通から逃避、払底してしまった。また、それらを新たに投入できるだけの資源にも乏しかった。

こうしてはじまった現物主義を以後も堅持したのは、「中華」の統合という目的による。明朝は政治的・軍事的に江南と華北を統合したものの、その成果を持続してゆくには、経済的にも南北の一体化をめざさなくてはならない。

モンゴル政権の通貨制度崩潰の影響は、とりわけ華北で深刻だった。生産力に恵まれなかったため、民間に貴金属のストックも少なく、流通を紙幣に依存していたからである。主としてこの地方で、時代の進行に逆行するかのような物々交換が出現した。江南ではこれに対し、なお金銀の蓄積は少なくなく、戦乱の影響で現物のやりとりがあったとしても、それはごく一時的、異例な現象だったはずである。

そうした格差を解消するには、南北のいずれか一方を、他方に合わせればよい。後進的な経済状態をいきなり、先進的なそれに合致させるのは、とうてい無理である。しかし逆は、容易でないにしても、不可能ではない。そう判断して、華北の情況を基準とする現物主義を、江南もふくむ中国全土に適用、施行したのであろう。江南に対する明初政権の苛酷な弾圧も、こうした経済政策の遂行・強制という点から説明できる。

†税制・徭役・貨幣

この現物主義を実施に移すには、第一に、物資・労力を直接とりたてるのであるから、その対象となる土地・人を、逐一個別に把握管理しておかなくてはならない。第二に、現物徴収を妨げかねない商業・流通を、厳重な制限統制のもとにおく必要がある。ともに戦乱で荒廃した農地・農業の復興をも、兼ねてめざすものだった。

まず第一。土地・人民を調査し、台帳に登録する。その台帳が史上に有名な「魚鱗図冊《ぎょりんずさつ》」や「賦役黄冊《ふえきこうさつ》」であり、それにもとづいて、土地から税をとり、人から労働力を徴発した。いうまでもなく、こうした台帳・帳簿の記録は、米なら石《せき》、生糸なら斤《きん》というように、現物の単位による。

徴税で特徴的なのは、税率が地方によって著しくちがったことにある。弾圧した江南デルタの地主から、とりわけ生産力の高い蘇州一帯の広大な水田を収用し、政府じたいがその地主となった。これを「官田」という。そこの耕作農民は政府の小作人として、通常の税率よりもはるかに高い、小作料に準じた額を納税せねばならない。

時代が下って、「官田」が政府の所有ではなくなっても、その地の税率が緩和されることはなかった。こうした江南デルタに突出した重税という情況は、一九世紀の末に改革が加えられるまで、改まらなかった。

とりたてた税収は、それを消費する場所・官庁に運ばなくてはならない。さらには、各官庁で雑用に任じる人々も必要である。「賦役黄冊」に登録された中産以上の人民が、例外なく負担する労働奉仕を「里甲正役」といい、十年ごとの輪番で、税収のとりたて・運搬、あるいはそれにまつわる紛争の調停にあたった。それ以外の不定期・臨時の労役、駅伝や官庁の使い番などは、いっそう有産有力な人々が負担し、これを「雑徭」という。あいまって、明代独特の徭役制度を構成した。

ついで第二の条件をみよう。現物主義を円滑に運営するためには、商業・流通の管理を徹底し、貨幣をなるべく使用しないことが前提になる。それには、とりわけそれ自体で流通価値をもつ金銀など、貴金属の使用を禁止しなくてはならない。

いかに現物主義とはいえ、明朝は貨幣を全廃してしまったわけではない。小額では中国伝統の銅銭、たとえば日本でもおなじみの「永楽銭」、高額はモンゴル時代を踏襲した紙幣「大明宝鈔」を発行した。

ところが、銅銭の鋳造発行量は、鉱産資源の涸渇もあって、経済規模に比してごくわずか、民間での広汎な使用に供されるべきものではなかった。金銀の貨幣的使用が禁じられ、銅銭のストックも乏しくては、宝鈔ははじめから、準備のない不換紙幣にひとしい。というのも、銅銭にせよ、宝鈔にせよ、元来が商品流通・貨幣経済にそなえる目的ではなく、現物主義推進の補完として発行されたものにすぎなかったからである。

†朝貢と海禁

こうした禁令や幣制は、明朝独自のものだから、その権力・政治力の及ぶ範囲にしか通用しない。必然的にその範囲の内と外に、判然たる境界を画し、閉鎖的な姿勢を導き出す。たとえば、外国と貿易するには、内外共通の外貨的な価値を提供する金銀のなかだちが、当時は欠かせなかった。そのため金銀の禁令を徹底しようとすれば、外国との貿易も原則として禁止せざるをえなくなる。明朝はそこで、中国の対外的な交流は、「朝貢」を通じなくてはできないことにした。

朝貢というのは、文字どおりには、臣下が君主のところへ貢ぎ物を持って挨拶にくる儀礼行為である。明朝は朝貢をおこない、臣礼をとった外国の君長に対し、その地位を承認する辞令を下した。これを冊封という。明朝がイデオロギー的に標榜していた「中華」の自尊にかなう関係のとりむすび方にほかならない。

貢ぎ物には必ずお返しの賜り物があるし、また附随して持ちこんだ貨物の買い上げもあって、一種の経済行為とみなせるので、これを「朝貢貿易」と呼ぶこともある。その「貿易」にあたって、明朝の側から給付されるのは、不換紙幣の宝鈔であった。もちろん外国に持ち帰っても、流通はしない。

こうした貿易・貨幣の制限を有効ならしめるには、人の出入も厳重に規制しなければならない。沿海では「寸板も下海するを許さず」、出航・来航に対し厳重な海禁が布かれた。これは当初、沿海の敵対勢力を平定し、外国との内通を防ぎ、治安を維持するためにはじまったものだが、のちに経済統制の意味をより濃厚にしてくる。

金銀のストックが豊富で、地勢上も海上交通の便利な江南は、これで海外と独自な商業行為ができなくなる。しかも紙幣はそれまで、多く華北で流通していたから、これを江南に強制することで、南北の一体化がはかれる。中国内でしか通用しない宝鈔の強制使用は、内外共通して流通しうる金銀の禁止とあいまって、江南を海外と切り離したうえで、華北と結びつける役割をになった。

北辺も事情はかわらない。いまも残る壮大な万里の長城ができたのは、明朝のときである。華北と草原地帯は、農耕と遊牧という生活様式にちがいはあっても、気候も生態系もさほどの懸隔がない。その間の交通を遮断する目的で長城は造築されたのであって、華北を草原から切り離して、江南と一体化するのに必要だったのである。

現物主義と不換紙幣がともに有効となる範囲。地理的にいえば、長城と海岸線が画した内側で、本書でいう中国にほぼ重なる。それが明朝の「中華」にほかならない。その外側を「外夷」として軽んじ、貿易を禁じ、朝貢と冊封でたがいの上下関係を証拠づける。これで明朝のイデオロギーに合致した世界秩序となるわけで、それは対外政策にとどまらず、財政経済の体制にも深く関わっていた。

3 転換と形成

†遷都と大運河

明朝の現物主義はこのように、当時の経済景況と対内的・対外的な政治方針とを巧妙に結びつけた政策であり、周到きわまる構想だったといってよい。けれども、いかに構想として巧みであったにせよ、しょせん頭の中で人為的に考えたこと、政治・経済の実体・実勢とうまく合致するとはかぎらない。

明朝が長城以北に駆逐したモンゴルはなお健在だったから、それに対抗する軍事経営は、明代三百年を通じる課題となった。軍事は純粋な消費活動であり、どうしても継続的な補給、物資の調達が必要である。そこで商業に頼らなくてはならない。

そのモンゴルを果敢に攻撃したのが、永楽帝である。かれは対外遠征にあたり、陣頭指揮をとって、長城に近い北京に本拠を置いた。これが当初、南京を首都とした明朝の事実上の遷都となる。

永楽以後、しばらくモンゴルに対し優勢だった明朝は、一五世紀の半ば、オイラート部に大敗した「土木の変」という事件を境として、決定的に守勢へ転ずる。長城を修築し、防衛に意を注いだから、以後は名実ともに、長城が草原世界の遊牧政権との分断線をなした。

こうして、政治・軍事の重心が決定的に北辺へ移ると、いよいよ商業と流通に頼らざるをえない。生産力の低い経済的な後進地に、官僚と軍隊が集中する一大消費地ができたために、物資の移動流通の必要性が高まったからである。とくに江南から北京への糧食供給は、不可欠だった。大運河があらためて整備され、宋代を上回る米四百万石を首都に輸送した。これを軸に特産品が生産と流通を増やしてゆく。現物主義の体制は、百年もたたないうちに大きく転換しようとしていた。

†銀納化の進展

まず租税。一四三三年、江南の「官田」から収める税収を、米一石につき銀〇・二五両でとりたて、四百万石分の銀百万両を帝室の倉庫に納めさせることとした。現物の租税の米穀では、納める農民自身が、収納地の南京まで運ばなくてはならず、その負担に堪えかねて、銀納をもとめたからだといわれる。

その三年後、一四三六年には、北京の武官たちが俸給を銀で支給してほしい、と要求している。当時、文武の官僚たちは南京で俸米をうけとり、その米を他の物資にかえて北京に持ち帰っていた。ところが売る俸米が安く、買う物資が高くなって困窮をきたしていたのである。そこで要望にこたえるため、浙江・江西・江蘇・安徽・湖広(湖北・湖南二省)で、銀による徴税をはじめた。

以上の経過からまず、米価が下落していたことがわかる。明初以来の課題だった農業のリハビリがひとまず成功し、生産が向上した結果であった。

そして第二に判明するのが、農業の復興にともなう趨勢として、北京などの都市、あるいは江南では、すでに商品経済が普及し、銀が流通していたことである。税収の銀納化は、財政の運営を流通の現状に近づけようとした措置にほかならない。言い換えれば、現物主義がもはや実体経済から乖離していたことを意味する。

それは土地の課税だけにとどまらない。徭役もそうである。一五世紀の半ばには、「雑徭」の各種負担は、時期を下るにつれ重くなり、そのわりあてが「里甲正役」と重なるなど、著しい不公平に陥ってきた。そこで負担項目の整理とわりあて方法の改革がおこなわれ、まもなくその労役負担の一部銀納がはじまり、ひろまってゆく。これは土地税と同じく、やはり物資の購入に便利な銀の入手を求める官僚と、実質負担の軽い銀の支払いを好む農民との利害が一致したものである。

†「湖広熟天下足」――地方間分業の形成

こうした銀の流通をもたらす経済動向の中核は、江南デルタである。中国で最も高い生産力をもつこの地方は、一四世紀末から一五世紀初にかけ、北方の物資需要が高まるなか、水利条件がかわって、生態系と産業構造を一変させつつあった。それまで太湖から東に流出し、その溢れる水を排泄していた呉淞江が涸浅し、その役割を南方に流れる黄浦江に譲ったため、九割を水田にあてていた稲作地帯は、水不足で作付を転換せざるをえなくなっ

図表11　江南デルタ

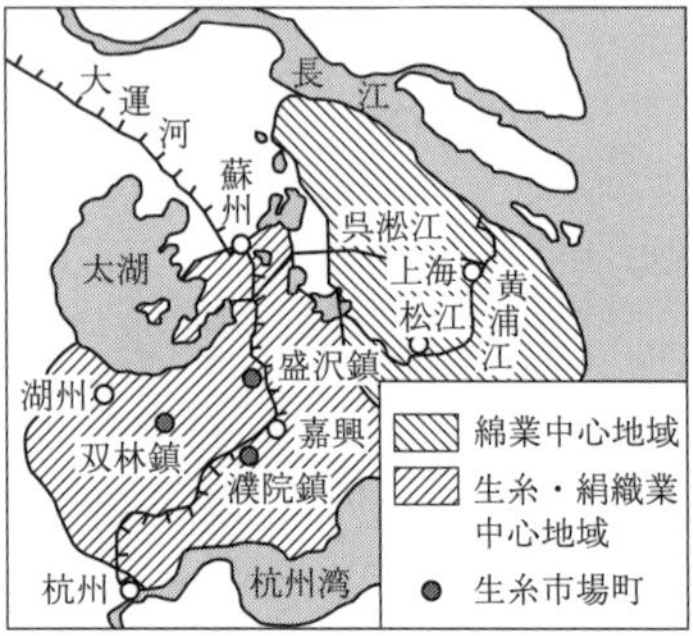

（出典）岡本『中国「反日」の源流』43頁

た。

デルタの中央部では米と冬作物、太湖の南では米と桑、辺縁では木綿・麦・麻が植えられた。とりわけ著名なのが、木綿栽培に特化した松江府一帯、養蚕が盛んとなった湖州府附近である。その生産性をあげるために、金肥の購入・畜力の貸借など、多くの資本と雇用労働力の投入が必要となった。

江南デルタはそれまで、「蘇湖熟すれば天下足る」、蘇州・湖州一帯で豊作なら、食糧がまかなえる、と称された穀倉地帯だった。ところが一五世紀以降、米作が減少して、農業はいっそう商業化、集約化する。やがて産出した生糸・木綿を中心に、織布・染色・つや出しなど、高度な手工業も興ってくる。いよいよ労働力の増加が欠かせなかった。一六世紀の末には、都市ごとに数千人規模の専業労働者がいた、という記録もある。

その結果、増え続ける人口は相対的に過剰となり、主穀の供給を他地方、とりわけ新たに開発された長江中流域に仰がざるをえなくなった。およそ年に百五十万石、うち湖北・

湖南から百万石の米が移入され、この米穀移入の見返りに、絹と木綿を主とする商品が売られたわけである。

明代ではそこで、「湖広熟すれば天下足る」、湖北・湖南で豊作なら食糧がまかなえる、といわれた。一六世紀には使用されていた成句なので、それ以前にことばの実態が成立していたとみられる。それは単に穀倉地帯が湖北・湖南に移った、というにとどまらない。

図表12　地方間分業図1（「湖広熟天下足」）

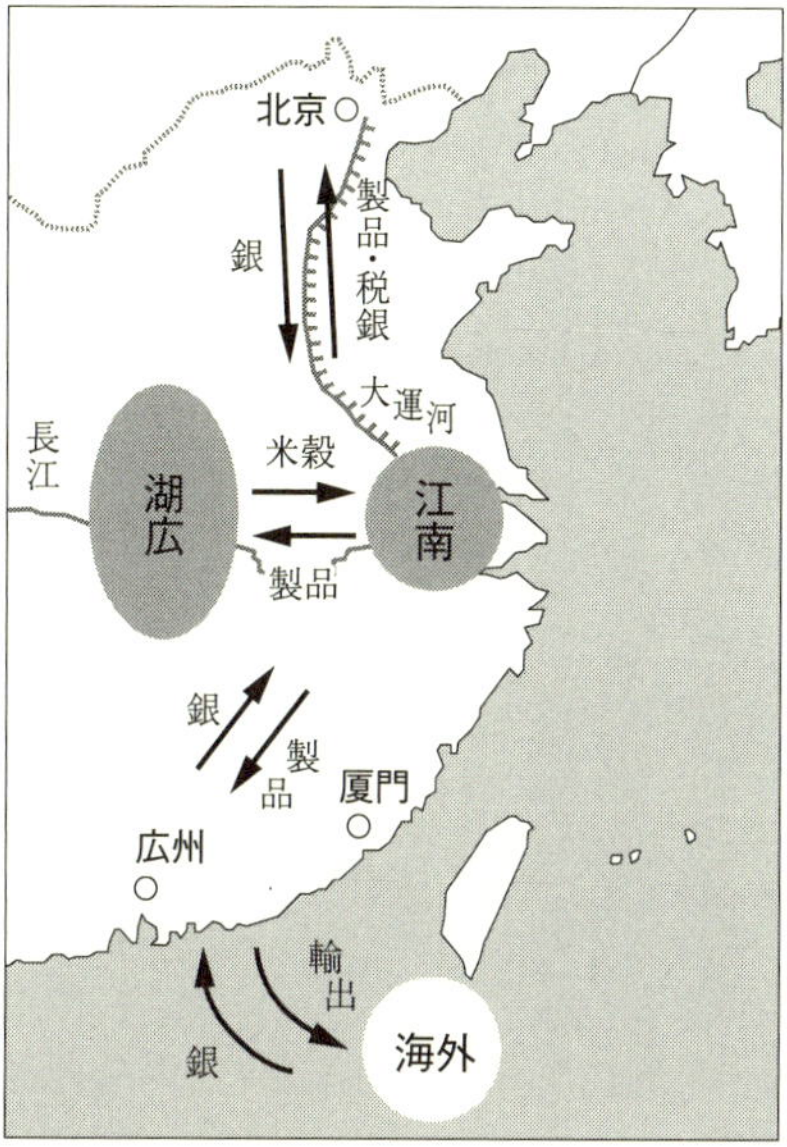

それまでの穀倉だった江南デルタの産業が転換し、農産物はいっそう多様化、商品化し、新しい地方の開発もすすんだ。地方間の分業と相互依存が、進展し深化する。物資がおびただしく移動し、もちろん人の移動もさかんになり、交通・交易が頻

繁の度を高めていった。「湖広熟すれば天下足る」は、さきに主穀の生産・需給をいっただけの「蘇湖熟すれば天下足る」とは異なって、一五世紀の諸々の経済動向を集約的に表現したフレーズなのである。

†貨幣制度の破綻

経済全体の商業化と社会全体の流動化は、このように滔々として、とどめがたい潮流となった。そこでなかんずく、強い集約化に向かった江南デルタで、貨幣需要が増大してくる。ところがその貨幣が、当時は存在しなかった。

明朝の法定的な通貨としては、銅銭と宝鈔があった。しかしながら、いずれも現物主義の補完物にすぎない。大規模に商業化しつつあった経済の需要に、とてもこたえられるものではなかった。

銅銭の発行量は経済規模に照らせば、まったく足りなかったし、そもそも流通の現場で信認を得ていたと思えない。この時期、永楽銭などの政府発行の銅銭が使われていない、と記す史料すらある。

宝鈔はどうかといえば、それが不換紙幣たる性格はかわらなかったから、やはり信認を受けられなかった。明朝政府の公定レートは、宝鈔一貫＝銅銭一千文＝米一石＝銀一両である。すこぶるわかりやすい。ところが宝鈔の価値は、一五世紀前半には、米価比で明初の七十〜八十分の一、後半に入ると、銀価比で〇・三％に落ち込んだ。要するに、紙屑にひとしくなったのである。

それなら、明朝政府が貨幣制度を実情に合わせて改革したのかといえば、そうはいかなかった。現物主義・金銀の使用禁止は、王朝の始祖が定めた神聖な祖法であって、これを子孫がみだりに改めてはならない、というのが、儒教の孝道にもとづく当時の通念だったからである。幣制そのものを改革しようという政府の意思は存在しなかった。その間に、銅銭にせよ宝鈔にせよ、ことごとく使いものにならなくなる。

もう政府の法定的通貨は、あてにならない。そこで民間では独自に通貨を設定して、日増しに高まる貨幣需要をまかなおうとする動きが顕著になる。

†通貨の生成

小額の取引では、私鋳銭が流行し、大口・高額の交易では、前代から普及しはじめていた銀の使用がひろまった。いずれの場合も、まちがいなく違法行為ではある。だが、そうでもしなくては、経済がたちゆかなかった。それは民間経済が、法定的な通貨・幣制、あるいは現物主義、さらにいえば、明朝政府そのものに、不信任をつきつけたにひとしい。

民間で通行した私鋳銭は、従来からあった銅銭を磨り減らしたり、銅器を鋳つぶしたりしてつくられた。正規の銅銭にくらべて、当然に質は落ちる。その質の落とし方も、別に定まった基準があるわけでもない。こうして銅銭の種類・数量は、時と場合によってまちまち、かつおびただしくなった。

取引には、売買双方に共通の尺度がなくてはなりたたない。まちまちな種類の銅銭は、そこで取引にたずさわる人々の合意信認を通じて選別され、その銭だけが通用することになる。けれどもその信認は、その取引にあずかる個々人の自発的な合意なので、どうしても一定の範囲以外には、ひろがり得ない。その範囲を越えると、直接には関わりがない別の取引をする人々が、異なる規格・品質の銅銭に別に信認を与え、それを通用させていたからである。このような範囲を空間上「地域」とよぶことが多く、ここでもその称呼にしたがっておきたい。

全体からみると、銅銭は「地域」ごとに多種多様、バラバラになっている。共通の信認がある範囲の各「地域」内部で取引流通には使えても、その外に出て、別の「地域」で使うことはできなかった。現代でいえば、それぞれの国の硬貨、たとえば日本の十円玉が、ほかの国で使えないようなものである。

だとすれば、その範囲を越えて、「地域」と「地域」の間をつなぐ取引・流通には、誰もが共通して、その価値を信認できるモノでなくてはならない。遠隔地で大口の取引も多いから、そのためには、少量で素材それ自体に価値のある貴金属が適している。

このいわば外部流通で通用したのが、銀であった。官僚が俸給のうけとり・労役の奉仕で銀を欲しがったのも、中国全土に赴任するため、どこでも使える外部流通用の貨幣が必要だったからである。こうして経済のみならず、財政も事実上、銀建てに転換していった。

ところがすでに当時、中国内に貴金属の埋蔵はほとんどなくなっていたため、銀を手に入れるには、海外から輸入しなくてはならない。そこで貿易の欲求が強まってくる。それはしたがって、中国全体の気運であった。しかも中国だけで孤立してはいない。そこに世界史の転換も、大いに関わっている。

4　伝統経済の確立

†密貿易の盛行

貿易を望んだのは、銀需要の高まった中国ばかりではない。工業化した江南デルタが産する生糸・絹製品は、中国の国内市場を制するとともに、海外でも高い声評を受ける。水田から桑畑に変貌した湖州の産する生糸「湖絲」が、なかんずく著名で、日本でも「白《しら》糸《いと》」とよばれた。その海外への輸出量は、やや後の一八世紀初には、五十万斤前後と推計されている。

生糸は中国古来の特産である。中国のことをセリカ Serica というのは、ローマ人がシルクの国とみたからにほかならない。これに対し、木綿はモンゴル帝国のとき、中国に伝来した新しい物産で、同じ江南デルタでも、やや標高の高い砂地の松江府・太倉州で、栽培が普及した。すなわち、いまの上海市一帯である。

江南デルタ産の木綿も、地元の消費のほか、中国内で他産地のものと競争しつつ、次第に仕向け先を海外にシフトさせるようになってきた。松江の綿布は明末には、日本向けが二千万匹にのぼり、総生産の九割の量にあたる。これを南京木綿 nankeen といい、湖州生糸とならんで、世界に冠たる中国ブランドの特産品をなした。

くわえて、前代から内外の市場に定着してきた特産の茶・磁器もある。それらはいずれも、魅力あふれる商品で、諸国の垂涎、渇望の的であった。かくて海外貿易は、必然の事態となる。

ところが明朝政府は、民間の貿易を禁じていた。それは明朝設立以来の国是に関わるものである。「中華」の統一と自尊、そのための現物主義と金銀の使用禁止、そうした政策を実現、徹底するには、貿易があってはならない。

それは貨幣の場合と同じく、神聖な祖法である。明代を通じ最後まで、その禁令の全面的な解除はなかった。それでも人々が貿易をするなら、違法・密貿易にならざるをえない。

社会の商業化とそれにともなう民間の貿易希求は、明朝のそんな理念と政策を圧倒する。旺盛な銀の需要は、現物主義を有名無実化し、草原・海外との分断をねらった長城・海禁を乗り越えて、密貿易の盛行をもたらした。

それが本格的な隆盛を迎えるのは、一六世紀になってからである。ときに世界は大航海時代、新大陸から産出した銀が、西から東から地球をめぐって、中国に殺到した。

†「北虜南倭」

新大陸だけではない。中国にはもっと身近に、銀を潤沢に供給してくれるところがあった。日本列島である。あまりにも有名な戦国時代の金山・銀山の開発・採掘ラッシュは、中国の貴金属需要に喚起されたものだった。日本はこうして、中国第一の貿易相手国となったのである。

そんな貿易の現場を知っている、あるいは知らなくても、事なかれの官憲なら、違法の取引をみてみぬふりで黙認した。それがむしろ常態だった。この時点で、すでに法令を尊重、遵守しない風習が蔓延し、明朝政府の支配は破綻していたともいえよう。

それでも違法は違法なので、まさに違法として、取締・弾圧が実践強化されるときがあった。そうなれば、貿易に従事する人々は、どうにも釈然としない。武力に訴えてでも、抵抗する道を選ぶ。

中国の沿岸で行われる密貿易だから、密輸業者は当然のことながら、華人が最も多数である。とはいえ、日本が第一の貿易相手である以上、目立つ外国人は倭人だったから、そうした沿海での紛糾を称して、「倭寇」という。一六世紀半ばに起こった、明朝当局と密輸集団の一大武力衝突事件は、その典型だった。史上「嘉靖《かせい》の大倭寇」とよばれる。

密貿易は北辺でも、劣らず盛んだった。遊牧民の馬と中国産の茶を主要品目とする取引で、こちらも紛擾がやまず、対立はエスカレートしてゆく。東南沿海の「嘉靖の大倭寇」と時を同じくして、アルタン・ハーンひきいるモンゴルの大侵攻と、北京の包囲攻撃すら起こった。ときに一五五〇年、いわゆる「庚戌《こうじゅつ》の変」である。

明朝の側はこうした外患を「北虜南倭」、北方の遊牧民「韃虜」と南方の海賊「倭寇」の脅威だと称した。だがその実態は、明初以来の財政経済政策に対する執着とその破綻を示すものにほかならない。

†明清交代

このように、一六世紀も末になると、経済に関わる明初設計の支配体制は、内外から破綻に瀕していた。新しい時代はすでに到来していたのであり、やがてそれにふさわしい主役があらわれる。

北から明朝を脅かしたのは、「北虜」のモンゴルだけではない。歴史を決定づけたのは、その東・遼東地方に住むジュシェン（女真）というツングース系の種族である。当時は明朝に帰服していた。

ジュシェンの居住する森林地帯では、高麗人参や貂《てん》の毛皮が特産である。一六世紀におこった商業ブームで、遼東地方でもその密貿易が繁栄し、南に明朝や朝鮮と、西にモンゴルと隣接して暮らしていた人々が、商業資本の武装集団を結成するようになってきた。そのリーダーの一人が、ヌルハチである。

ヌルハチは一五八三年に挙兵し、およそ三十年かかってジュシェン全体を統一した。ジュシェンは以後、自らマンジュ（満洲人）と改称し、のちの清朝政権が成立する。

以上のような経緯から、この政権は、多種族からなる武装貿易集団の性格が濃厚である。貿易取引を成功させるには、どうしても外国・異種族と交渉をしなくてはならない。その貿易が弾圧を受けかねない情況では、対抗する軍事力を保持して、貿易相手の異種族とも団結し、集団の組織化を高める必要がある。そのため清朝ははじめから、満洲人を中核として、漢人・モンゴル人を包含する多種族の混成政権を志向していた。

このような清朝政権は、商業を忌避し、交通を遮断し、「外夷」と「中華」・外国と中国・異種族と漢人とを分断しようという明朝の志向とは、まったく相反する存在である。清朝じたいが、前世紀の「北虜南倭」と同じく、明朝的な体制・秩序に対するアンチテーゼなのであった。

したがって、明と清は対立を深めざるをえなかった。一億と五十万、高度な農工業と狩猟・遊牧。人口や生産力でみるかぎり、彼我の優劣は、火を見るより明らかである。明・清の王朝交代は、史上の一大奇蹟といってよい。

清朝は実際、いかにしても自力で長城を突破して、明朝を打倒することはできなかった。明朝が一六四四年、内乱で自滅したために、北京に入って中国に君臨できたのである。

しかし奇蹟は、決して偶然ではない。明朝のアンチテーゼともいうべき清朝政権の体質が、より時代の趨勢にふさわしかったのである。ここまでみてきた史実経過にもとづいて、その経済的な意味をさぐってみよう。

†明代の「商業革命」

端的にそれを表現するなら、社会の商業化といえる。もっとも、社会の商業化といえば、すでに紹介したように、中国は唐宋変革の「商業革命」で経験ずみであって、それは数々の技術革新に裏づけられた質的な「革命」だった。では、この時期の商業化とは、何を意味するのか。

このたびは、目立った技術革新はみられない。一七世紀から渡来するサツマイモやタバコなど、新大陸原産の作物を除けば、新たな物産の開発・定着もなかった。だとすれば、それは質の転換でなく、量の増大である。前代の判然たる「革命」の成果を革命的に急増拡大させたとでもいえようか。

かつて先進地で起こりながら、内地・奥地の後進地をとり残していた経済の革新が、この時期にいっそうの洗練をへて、中国全土に普及してゆく。「湖広熟すれば天下足る」と形容された、地方間の分業と相互依存も、はるかに強まったし、遠隔地の交易も恒常的になって定着した。かつて中国の貿易を牛耳っていたムスリム商業資本は、おおむね駆逐され、華人じしんがその担い手になる。しかもそれは、大航海時代による銀の奔流が促したものだったから、グローバルな規模で支えられてもいた。

こうした明代の「商業革命」で最大の特徴というべきは、政府権力との関係である。この「革命」は実に、現物主義をとなえた権力の意思と乖離し、貴金属の貨幣使用を禁じた法令に背いて進行した。民間がいわば嫌がる権力を無理矢理ひきずって、その財政経済制度を変形させていったのである。

この点、同時期の西欧の「商業革命」と対蹠的であろう。西洋の「革命」は重商主義と一体化してすすみ、国家権力が大きな役割を果たしていたからである。その後、東と西の経済体制、ひいては歴史の展開そのものに大きな相違をきたしたのは、ここに分岐があるとも考えられる。

†「革命」と伝統経済

明朝政府の現物主義は、自作農の存在とその掌握を前提に、構想したものである。租税も徭役もそうである。いずれも農地と労力を個別に固定、登録したうえで、はじめて徴発できるものだった。「官」が「庶」を、権力が民間を把握しようとつとめていたのである。

しかし一五世紀から一六世紀におよぶ商工業の発達と銀流通の浸透、それらにともなう租税・徭役の銀納化は、農民に否応なく銀の入手を迫ったから、かれらは商人に頼らざるをえず、その支配を受けるようになる。かくて中小の自作農は没落し、有力者が土地を兼併集積して、不在地主化した。

一六世紀の後半から一七世紀前半の世相を、同時代の人が描いていう。

末富多くをしめ、本富ますます少なし、富者はいよいよ富み、貧者はいよいよ貧し。

「末」の商業が勢力を拡大し、「本」の農業で富をなすことは、ほとんどかなわない。富者は肥え太るばかり、貧者はますます貧しくなってゆく。また、「富者」は百人に一人、「貧者」は九割にのぼり、後者は前者に対抗できず、「富者」はごく少数なのに、多数の「貧者」を制することができる、ともいわれた。

そんな「富者」のうち注目に値するのは、科挙の学位を有する紳士、すなわち「士」である。かれらはエリートの優遇特権として、徭役や租税の減免を受けた。そこで「庶」・庶民は、負担をまぬかれるために、土地・財産のみならず身家さえも、あえて「士」に寄進した。こうして人と土地の動きは流動化していった。

こうなると、政府当局は農地も労力も把握できない。「官」と「民」はどんどん乖離してゆく。それでも安定的な財源を確保するには、新たな方法を考案しなくてはならなかった。

そこでたとえば、「一条鞭法《いちじょうべんぽう》」と称するやり方が登場する。そのねらいは、種々雑多な負担、とりわけ徭役の項目をひとまとめにし、それを所有地と成年男子数に応じて、銀でわりあてるにある。わりあての基準で最も重視されたのは土地なので、納入負担を地主に求めた。

こうした財富と負担の富裕層集中は、商業の領域でもすすんだ。商業・流通に対する課税も、有力商人を指定して、納税を請け負わせる方法が成立、定着したのである。納税者が少数の富裕層のみで、政府当局がかれらしか相手にしない、現代にも通じる財政構造は、この時できあがった。

一七世紀以降の中国経済は、以上の推移のうえに成立する。つまり社会の商業化と流動化・銀の浸透と貧富の分化という前提であり、明代にはじまったそれは、清代もかわらない。明清時代と一括してよばれるゆえんであり、この前提のもとに展開する経済を以下、西洋近代の経済様式と対比して、「伝統経済」とよぼう。

5　伝統経済の特徴

†現物主義の残存

一六四四年、清朝が北京に入って以後の中国支配は、前代明朝の制度・慣行を尊重して、在地在来の秩序になるべく手をふれないことを原則とした。目につきやすいところでは、皇帝独裁・官僚制・科挙の踏襲、全面的な漢人の登用などをあげることができる。無用の混乱をまねかず、迅速円滑に支配を安定させようとした企図であろう。財政もやはりその例にもれない。

そもそも明代の制度は、いわばなしくずしで変容したものである。税・役の銀納にしても、法定的な正規の制度となったものではなく、あくまで当座の慣行にすぎない。当時のことばで、現物を「本色」、銀を「折色」といった。「折」とは換算の意味であるから、あくまで現物こそ本位、銀は臨時的な代替物なのであって、現物主義の原則と理念が堅持されたことを見のがしてはならない。

したがって、その特徴も温存される。現物で徴収する物資は、穀物なら食糧・飼料、木材なら建築のように、品目も用途もはじめから決まって、変えようがない。とりたてる地も、費やす地も、自ずと決まる。たとえそれが銀納になっても、代替換算したにすぎないとすれば、現物本来の決まった納税先・支出先は変わるはずはないし、税の項目それぞれの換算率も、品目によって異ならざるをえない。そのため税目が異なると、同じ銀で納税しても、一括はされなかった。ごく限られた範囲ではあれ、その一括を曲がりなりにも実行した「一条鞭法」が、大きな改革だと評せられるゆえんである。

また現物主義では、税収の分配や配送も、現代の財政とはずいぶんかけ離れている。現物でえた税収の物資はかさばるし、種々雑多なので、それらを逐一、首都や省都の財政部局へ集中させるのは困難だし、また無意味でもあった。しかじかの物資を徴収した地点から、需要消費する機関へ、直接に配送したほうが能率的である。銀納に転換しても、この方式はやはり変わらなかった。

†中央と地方

そこでは、中央と地方の区別やそれぞれの役割も、現在とは異なってくる。発送する箇所と、配送を受ける箇所との選択・調整・指示は、中国全土をみわたす中央の財務官庁がおこなうしかない。中央の役割とは、各地の税収を適切に動かす指示をだすことにある。全国からあがる税収を一括し、国庫金として自ら保有管理支出することではなかった。だから「国庫」のない、現代からみると特異な財政体系ができあがる。いま一度、モースに解説してもらおう。

東西の財政制度がいまひとつ異なるのは、「コモン・パース（common purse）」にある。あらゆる国税収入は、イギリスでは大蔵省、アメリカでは財務省という国庫に入る。中国ではこの点、理論と実際が乖離している。理論上、土地・財産・税収など、すべては一人の皇帝に帰属する。ところが実際には、税収は一定の収入源と既定の支出項目がバラバラに結びつけられていて、あらかじめ指定された目的のため、個別に送金しなくてはならない。……A省からB省へ送金し、つぎにB省からC省、C省からA

省へ送るということがあったとしても、三者はそれぞれ全額を送金する。相殺して差額のみをやりとりする、ということは決してない。(Morse, *Trade and Administration*)

西洋の「コモン・パース」とは、多様な税収を国庫という「一つのドンブリの中に入れて、そのドンブリの中から各種の費目の支出をする」しくみであって、中国にはその概念がなかった。だから国税と地方税、国家財政と地方財政という観念も区分も、存在する余地がない。統一的で精確な歳入・歳出の算定も、不可能となる。

†原額主義と請負

もしかりに、そうしたおびただしい収支の項目や額を、各地の事情に応じて毎年、変更改訂したとするなら、中央官庁が当時の乏しい情報の収集・管理能力で、その決定・統制を実行するのはきわめて難しい。収支・配送の額をあらかじめ一定にしておけば、その統御ははるかに容易になろう。こうして定着した制度運用を、たとえば「原額主義」と呼ぶ。

実地の財務行政では、この一定額をこえて経費が必要なこともありうる。しかし額が決まっていて動かせなければ、必要に応じるには、その埒外に財源を確保しなければならない。そこから、徭役の追加徴発や附加税の課徴がくりかえし生じた。このような財政の運用は、必要経費をあらかじめ計上したうえで課税徴税をおこなう現代の予算制度と、対極をなすものであろう。

そうした財政需要の満たし方になるため、会計上の「赤字」は存在しえない。政府が民間に借金をすることもありえなかったし、民間に対する権力の信用も不要だった。商業資本が領主経済に対して債権者となった西欧・日本とは対蹠的な特徴である。国債という概念・制度が中国に生まれなかったのも、こう考えれば納得できよう。

そこに前章で述べたような、官僚の汚職が発生、増殖する温床があった。とりたてる側が必要な額を、一方的に決めていたからである。

たとえば、清代の土地税収入は、全土で銀三千五百万両足らずと決まっており、それが省ごとに、さらに末端の県ごとにいくら、と定まっていた。実地にその県を治め、庶民から税をとりたてる県知事は、そのわりあて額をそろえて、収めさえすればよい。

要するに、一種の請負であった。わりあての額以上をとりたて、差額を着服してかまわない、ということである。現実にどれほど、どのように徴収しようが、とがめられることはほとんどなかった。だから表にあらわれる数字が、たとえ三千五百万両であっても、実際にとりたてられ、動いていた金額は、杳《よう》として知れない。その数倍にのぼっていた可能性もある。

以上の財政体系は、明清時代を通じて、基本的に変化がなかった。銀納になっても、銀はあくまで現物の代替物にすぎないから、税目の区別も、配送の方法も、「コモン・パース」の欠如も、原額主義も変わっていない。在来の制度を尊重する清朝が、それをひきついだからである。

†通貨としての銀

そうした清朝の態度は、経済そのものにも貫徹している。やはり旧来の慣行に手をふれない原則にもとづいて、商業化と銀の流通・浸透を容認したからである。

清朝は出自が華夷混成の武装商業集団だったから、明朝が設計し実行した「中華」自尊のイデオロギー、それと不可分な商業の抑圧、文字どおりの現物主義とは、まったく反対・対極の立場にある。だから中国を治めるにあたって、財政の原理と体系はひきついでも、たとえば「本色」「折色」などという、運用をいたずらに煩雑化しかねない建前・概念は、あっさり捨てて顧みなかった。

「本色」「折色」を区別しないのは、銀の使用を当然視した、という意味にひとしい。そのため貨幣においても、民間が明朝の禁令に背いておこなってきた銀の貨幣的な使用も、そのまま認めている。つまり、政府財政をもふくめ、「地域」と「地域」の間をつなぐ外部流通で銀を用いることが、清代ではまったく公認され、普遍化した。

その銀とはもちろん地金、モノであって、銅銭のように枚数では数えない。いわゆる秤《しょう》量貨幣《りょうかへい》であり、すでに何度も言及してきたとおり、「両」などの重量が、その計算単位となっていた。

新大陸で産出され、中国に輸入された大量の銀は、ほとんどスペイン・メキシコが鋳造したドル銀貨である。この銀貨は成分・規格が一定し便利だったため、そのままの形でプレミアムがついて流通することも多かった。ドル貨は円形なので「圓」、あるいは同音で画数の少ない「元」と称する。

けれども、その扱いはやはり、あくまで秤量貨幣としてのものであり、破砕・改鋳をまぬかれなかった。ドル銀貨が「銀元」という中国の貨幣・通貨になりきるには、二〇世紀に至るまで、かなりの時間を要したのである。

†通貨としての銭

銀ばかりではない。従来の使用法を認めたのは、銅銭も同じである。清朝の場合、銅鉱をさかんに開発したこともあり、明朝とは異なって、政府が一定の形式の銅銭をおびただしく鋳造した。けれどもそれは、明代に民間が使っていた私鋳銭を代替したものにすぎず、機能にかわるところはない。政府当局は鋳造して発行したら、それで終わり、その価値や使用をまったくコントロールしなかった。

だから、たとえ規格が同一の銅銭でも、私鋳銭の時代と同じように、「地域」が異なれば、価値がちがう。その価値は一定の範囲で共有される信認があって、はじめて決まるのであって、政府の決めた額面が問題ではなかった。それならその信認を共有する「地域」で、政府発行の銅銭を使うのも、もちろん可だが、また別の形態の貨幣を使っても、別にかまわないことになる。

実際、頻繁に使われたものに、たとえば、政府発行の銅銭に代わる「銭票」があった。「市鎮」の穀物店・酒屋・雑貨屋など、ふつうの商人たちが独自に発行した、一種の有価証券、あるいは紙幣である。

いまでも農産物の需給は、収穫期・端境期など、季節によって大きく変動するし、あるいは豊凶など、作柄にも左右される。百年以上も昔ならなおさらで、そのたびに大きく物価が変動し、金融も逼迫するのをまぬかれない。そうした事態を緩和するには、その農産物が取引される範囲内で、農業の季節的なサイクルに合わせて、弾力的に信用を供与し、通貨の供給を増減してやる必要がある。「銭票」は商人たちがそんな必要に応じて、発行したものだった。

もちろんこうした紙幣は、「銭票」のみにとどまらない。たとえば一九世紀半ばの福州では、代替すべき貨幣によって、「銀票」「番票」というのも存在した。それぞれ銀地金・ドル貨に代わるものである。また、銅貨も銀貨も欠乏していた二〇世紀初頭の東三省、いわゆる満洲では、各地に無数の紙幣が存在した。

この場合、注目すべきは、どんな商人でも「銭票」などを発行できたことで、そこに行政的、権力的な規制はほとんどなかった。専門の金融業者もいない。というよりも、当局がまったく関係せず、規制が存在しないために、金融業務の排他的な専門化が起こりえなかったのである。明清時代の中国で銀行業が発達しなかったのも、こうした権力の規制と金融のありように由来する。

†内と外

そのため貨幣の発行も、いわば自由競争なのであって、そうした情況で、貨幣価値そのものの決定と金融の安定が、自律的に組織されていた。もとよりその自律性は、直接の取引関係・信用関係をとりむすんでいる一定の範囲の外に出ることはない。このローカルな私鋳銭・銅銭・「銭票」などを、学界ではたとえば「現地通貨」と称する。

「現地通貨」はまさに、そのローカルな範囲の「地域」内でしか通用しない。だから「現地通貨」の異なる「地域」どうしが交易した場合、それで決済するのは不可能である。「地域」と「地域」をむすびつける、いわば外貨的な機能が必要であり、それを秤量貨幣の銀が果たしていた。そこでこの銀を「地域間決済通貨」と称する。

「地域」と「地域」の間といった場合、それは国内の商業のみならず、対外貿易にもあてはまる。というよりも、われわれが普通に想起するような国内・国外の区別、国境が存在しないのが、伝統経済の特徴であった。それは明朝の華夷・内外を隔離する政策を民間が克服することで、成立したものだったからである。

いま中国に出入国するさい、必ず「海関」を通る。日本でいう税関であり、そこが越えるべき国境にほかならない。この海関はしかし、もともと国境を区切る税関ではなかった。明清時代の「関」とは、商業税をとりたてるところであり、すでに国内交通の主要な要衝に設けられていた。前章にふれた関税というのも、いま言い慣わす「関税」ではない。内地の「関」でとりたてる商業税の謂である。海外貿易を公認した清朝にいたって、その「関」が沿海の港にも設置されて、徴税をするようになった。一七世紀末のことであり、そこでそうした沿海の「関」を海関と称する。

つまり海関とは、国内外の境界を区切ることを企図したものではなく、内地の交通・流通を沿海にまで拡大延長させたことを示す官庁にすぎない。そうした機関の設置も、上のような「地域」と「通貨」の編成にもとづいていた。

†徳川日本との対比

「地域間決済通貨」の銀と「現地通貨」の銭。このような「通貨」の二本だては、「銀銭二貨制」といって、国境がない伝統経済の構造を如実にあらわすものである。「通貨」というものの、それは決して、法貨 legal tender ではない。銀にせよ銭にせよ、その価値は民間が独自に定めるものであって、いわゆる通貨管理などは存在しなかった。

政府権力の決める貨幣価値など、民間は信用しない。もともと明代に信用できなくなったところから、民間経済が政府権力につきつけた不信任から、二本だての「通貨」による経済が生まれたのである。清朝政権もそうした民間の不信任を強いて撤回させ、あらためて信任を得ようとする施策はとらなかった。

このあたり、同時代・一八世紀前後の徳川日本と比較してみると、その特徴がはっきりするだろう。江戸幕府は額面よりも素材価値が大幅に低い「悪貨」を鋳造して、そこから得られる差益を財源とするとともに、通貨供給を増大させる政策をとっていた。最も著名なのは、第五代将軍徳川綱吉につかえた勘定奉行・荻原重秀が改鋳発行した元禄小判である。荻原の政策が中絶したため、正徳・享保期の日本は、財政難とデフレに苦しんだ。それを復活させ、全面的におしすすめたのが、田沼意次である。

かれが発行した通貨に、たとえば「南鐐二朱」がある。「二朱」なので金貨の代用であり、八枚で一両小判に交換するものだが、素材は銀だった。もちろん金で造るよりもはるかに安く、大量にできる。田沼はこれで鋳造差益を収めると同時に、通貨を増量してインフレに誘導しようとしたわけであり、それはおおむね成功した。この政策はそのため、以後も踏襲され、開国の直前には、天保一分銀や安政二朱銀が鋳造されている。

このように素材価値と額面がかけ離れた、名目通貨といってよい貨幣の流通が可能だった背景には、発行主体の幕府に対する民間の高い信頼があった。幕府は貨幣の鋳造権を独占し、偽造の難しい高度な技術を持っていたからである。そうした信頼があったればこそ、改鋳貨幣の発行による通貨供給の増大が、物価の上昇を起こしえた。そして、そのインフレが日本全国に波及した事実は、全国を一体とする流通圏がすでに確立していたことを意味する。

もとよりそれは、海外貿易がほとんどない「鎖国」という封鎖的な経済条件で可能となったものである。世界の金銀比価に比して、日本国内の銀貨は著しく高価であり、その意味で、国内と国外は峻別されていた。

実際、開国して当時の外貨たるドル銀貨がもちこまれると、日本の圧倒的な銀高のために金小判が流出した。国内かぎりの金銀レートは維持できなくなって、幕府の通貨管理・物価政策が破綻し、激しいインフレに見舞われ、やがて幕府そのものも崩潰してゆく。

政府・貨幣に対する民間の信頼、内と外との区別、いずれの関係も、清代中国は同時期の日本と対蹠的だったのである。

†財産・契約の保護――権力の不干渉

かくて清朝の治下で完成した中国の伝統経済は、権力と民間の経済的な乖離にみあうシステムだったといえようし、両者が一体化しない二元構造は、ここで決定的になったともいえる。貨幣の事例でもわかるように、政府権力はなるべく、民間社会の経済活動に介入しなかった。行政・政治が商法・私法の領域に対する干渉・統制をさしひかえた、ということになろうか。

取引というものは、自分のモノを相手に売ることで成立する。したがって、そのモノはまちがいなく自分の所有でなくてはならない。そうなるためには、外部の強奪などから守らなくてはならないし、相手ととりかわした売買の約束も、合意どおりに果たされなくてはならない。ここに財産と契約の保護が必要になる。

理論経済学者のヒックス（J. R. Hicks）によれば、

商人と非商人の間で、摩擦がまぬかれないのはもとより、商人間の取引でさえ、紛争が発生する。そして契約が信用できるものとなるためには、それを解決する手段が存在しなければならない。こうして法律的諸制度が必要とされる。（ヒックス『経済史の理論』）

というように、西洋のスタンダードあるいは歴史経過では、財産・契約の保護は、最終的に法律が担保し、権力が執行した。しかしそれが、世界のあらゆる時期・場合にあてはまるわけではない。同じくヒックスの議論に、

商人的経済が隆盛に向かうには、財産の保護と契約の保護とがともに確立されなければならない。この二つは伝統的社会によっては与えられない。しかし商人が自ら、ある程度まで与えることは十分に可能だ。かれらは暴力から自分たちの財産を守るために結束するであろう。かれらは財産権の確認のため、自身の間で規則を確立することになろう。そして正式の裁判官が必要なことを行わないとしても、商人は裁判官ではなく、第三者の商人による仲裁条項を入れることで、その契約を守らせようとする。

という。つまり、商人あるいは経済行為の当事者らが、自らその保護にあたるケースがあ

りえた。この場合の中国が、まさしくそれに相当する。

†中間団体の役割

権力が経済の領域に介入せず、財産・契約を保護する「法律的諸制度」が存在しえないとすれば、取引の現場においては、民間のレベルで私法の制定・行使、経済活動に対する保護や統制という役割をはたす存在がなくてはならない。

それが血縁・地縁、あるいは業種ごとにまとまった中間団体、すなわち宗族や同郷同業団体である。そこには宗法や章程など、団体の構成員を律する成文の規約があったし、また慣習という不文律もあった。それがわれわれのいう民法・商法に代替していた。つまり、いわゆる「地域」の中核を構成し、範囲を画定していたのは、中間団体だった、ということになる。

もちろん中間団体は、法律の専門家でないし、立法機関でもありえない。しかし中国法制史家の滋賀秀三はいう。

西欧社会において伝統的に法律家によって担われて来た社会的機能――それはいずれ

の社会においても誰かによって何らかの形で担われなければならない機能であるものが多い――を、中国においては、素人が仲間同士で替りあって担って来たという部面が大きい。（滋賀『清代中国の法と裁判』）

経済活動が活潑になれば、ときに衝突・紛争をまぬかれず、仲裁・調停を必要とする。それを「素人が仲間同士」で果たしていた。「素人」の「仲間」が「地域」社会・中間団体の構成員に相当する。「地域」内部の「通貨」選別でもみられた非専門性と自律性、これが中国社会の民事法秩序のありようだった。

だから人々にとって、帰属する宗族や同郷同業団体こそ、服従すべき権力にひとしかった。その外部にある法律家や官僚制や王朝政府ではなかったところが重要である。政権が定め、官僚が行使する法律よりも、中間団体の規約や慣習のほうが、その構成員にとって、はるかに身近で尊重、遵守すべき対象だった。自身の財産や契約、経済活動を保護してくれるのは、後者であって、決して前者ではなかったからである。

そんな中間団体に背いたなら、たちまち孤立し、自らの生計・生活、ひいては生存すら危うくなる、という恐ろしい制裁が待っていた。「耆老ひとたび唱へば、群これに和す」

といわれた、中間団体の強力な統制・団結は、そこに源泉がある。「耆老」とは、郷紳・紳董とほぼ同義語で、中間団体のリーダーの謂である。

だとすれば、政権・当局は自らの定める政策・法令を、中間団体が有する規約・慣習に一致させたなら、支配が円滑にすすむし、さもなくば、統治が難しくなる。さらにいえば、両者が一致しないというだけで、容易に中間団体が反権力的な秘密結社に転化しかねない。第II章末尾に引いた「徳治主義」と「隙があれば蜂起」する「叛乱」とは、こうした経済的な構造を考えあわせれば、いっそう理解しやすくなろう。また現代の中国でいわゆる「地下経済」が存在し、それが往々にして、権力との衝突をひきおこすのも、メカニズムは同じなのかもしれない。

6　景気の変動

†デフレの時代

それでは、以上の構造をもつ伝統経済は、現実にどのような動きをみせたのか。清代の史実経過に即して描いてみよう。

清朝は一六四四年、北京に入ったけれども、その中国支配は容易に確立しなかった。まずは明朝政権を滅ぼした流賊、および南方の明朝の残存勢力を掃討しなくてはならない。最終的にそれを平定するまで、なお四十年の歳月を要した。なかんずく注目すべきは、日本で「国姓爺合戦」として知られた鄭成功の反清活動である。

日本人を母に持つ鄭成功は、海上の武装貿易集団の末裔である。廈門を拠点として、オランダ人が占拠していた台湾を征服し、明朝の復興をとなえて、海上から大陸を攻撃しつづけた。清朝はその活動を封じるため、厳重な海禁を実施、まもなくさらに沿海に暮らすことを禁じる命令すら発した。一種の大陸封鎖令である。もちろん公然たる貿易はできない。

廈門という港はもと倭寇の基地だったから、鄭成功の大陸攻撃はさながら、倭寇の再現である。それに対し、貿易の禁止を励行した、という政策だけをみるなら、当時の清朝政権がやっていたことは、明代とほとんどかわらない。

「一七世紀の危機」という歴史用語がある。もともとはヨーロッパ史の概念であり、一六三〇年代から四〇年代にわたって、異常気象と飢饉がおこり、また新大陸の銀輸出が激減したために、社会的・経済的な混乱をきたしたことに始まる経済下降局面を指していう。

その時期をはさむ前後の期間、一五世紀後半から一七世紀の初めまでと、一八世紀半ば以降の時期は、おおむね経済が上昇しているので、一七世紀はとくに谷間の「危機」と感じられた。そのことに限ったなら、洋の東西を問わない。同じ時代・明末清初期の中国も、例外ではなかったからである。

中国内地でなお騒乱が終結せず、沿海で鄭成功三代の海上勢力との対決が続いた。これは経済にも少なからず影響を及ぼしており、一七世紀は確かに「危機」の時代だったのである。とりわけ貿易の衰退が打撃であった。しかも一六六〇年代以降、それまで潤沢に銀を供給していた日本の銀鉱が涸渇して、中国向け輸出が激減し、銀が入ってこなくなったのである。

さらに時の君主・康熙帝は節倹に精励しており、いわば緊縮財政のさなかにある。支出を減らすのだから、銀は市場から引き上げられ、その流通が減少した。こうした銀の不足は、当時のことばで「穀賤傷農（穀価の低落が農民を苦しめる）」という経済局面をもたらしたのである。要するに、デフレ不況にほかならない。

†「危機」の構造

この不況は明末以来の経済構造を前提としていた。端的にいえば、銀が入ってこないと、モノが売れない「穀賤《デフレ》」になるというしくみである。

その銀は「地域間決済通貨」であり、ある「地域」と別の「地域」とを結びつけ、相互の取引を成り立たせていた。つまり、「地域」の内部から外部へ貨物を移出する役割をはたす。銀が入ってこなければ、「地域」の産物が外に売れないわけで、それが「地域」にとっては、最も困ることだった。

商品の多くが農民の副業で生産されたし、専業の手工業でも、最終消費者の大多数が農民であったから、「地域」内部の需給を決定するのは、かれらの経済生活である。そしてその少なからぬ部分は、自給でまかなわれていた。なぜそうなるのか、それが具体的にどんな生活なのか、はひとまず後まわしとし、ここではその結果として、「地域」の内需がきわめて限られてしまうことに注目したい。

自給が大きなシェアをしめ、「地域」内の需要が少ないために、商品を大量に生産販売し、労働力を多く用いるためには、需要・代価を「地域」の外からもたらさなくてはならない。さもなくば、「地域」が生産する商品は、容易に供給過多になってしまう。すなわち、デフレが進行する。

かくて各々の「地域」は、外需の増減に敏感に反応し、景気動向を左右された。総体として、きわめて外向きの体質の経済だったといえよう。

この時代、銀の流入がその外需の役割を果たしていた。「地域」の内部に銀がいったん入ってくると、容易には出ていかない。その対価として、「地域」の商品が捌け、増産をもたらし、雇用も増す。価値保存手段として、蓄積もされた。だから「地域」と「地域」の間に流通する銀は、「地域」の内部に吸収されやすく、つねに不足しがちとなる。それぞれの「地域」が好況をつづけるには、「地域」の外を流れる銀が、たえず内部の吸収分を上回っている必要があった。

†回復の契機

伝統経済がこうした構造・体質であるかぎり、中国全体の銀需要は、必然的に厖大となってしまう。一六世紀の大航海時代、中国が「銀の墓場」だといわれたのも、一八世紀を通じて、おびただしい輸入銀が退蔵されたのも、ここに理由があった。

交易を促す銀は、海外から入ってくるために、経済の活況はその入口たる沿海地方で生じやすい。そこが経済の発展する先進地となって、内陸から人々が集まるのも、このような伝統経済の構造・体質のなせるわざなのであり、いまもつづく沿海と内陸の経済格差は、ここに端を発している。

逆に銀の流入がとだえると、沿海から内陸まで、「地域」間の交易が減少するばかりか、「地域」内部の経済も萎縮せざるをえない。中国の「一七世紀の危機」「穀賤傷農」はまさしく、そうした事態に陥ったものだった。

その解決策はしたがって、銀の流入と流通をうながすことにある。換言すれば、大陸封鎖で途絶している海外貿易を再開すればよい。その点、清朝はさすがに、海禁を国是とし、

図表 13　清代の先進・後進地方

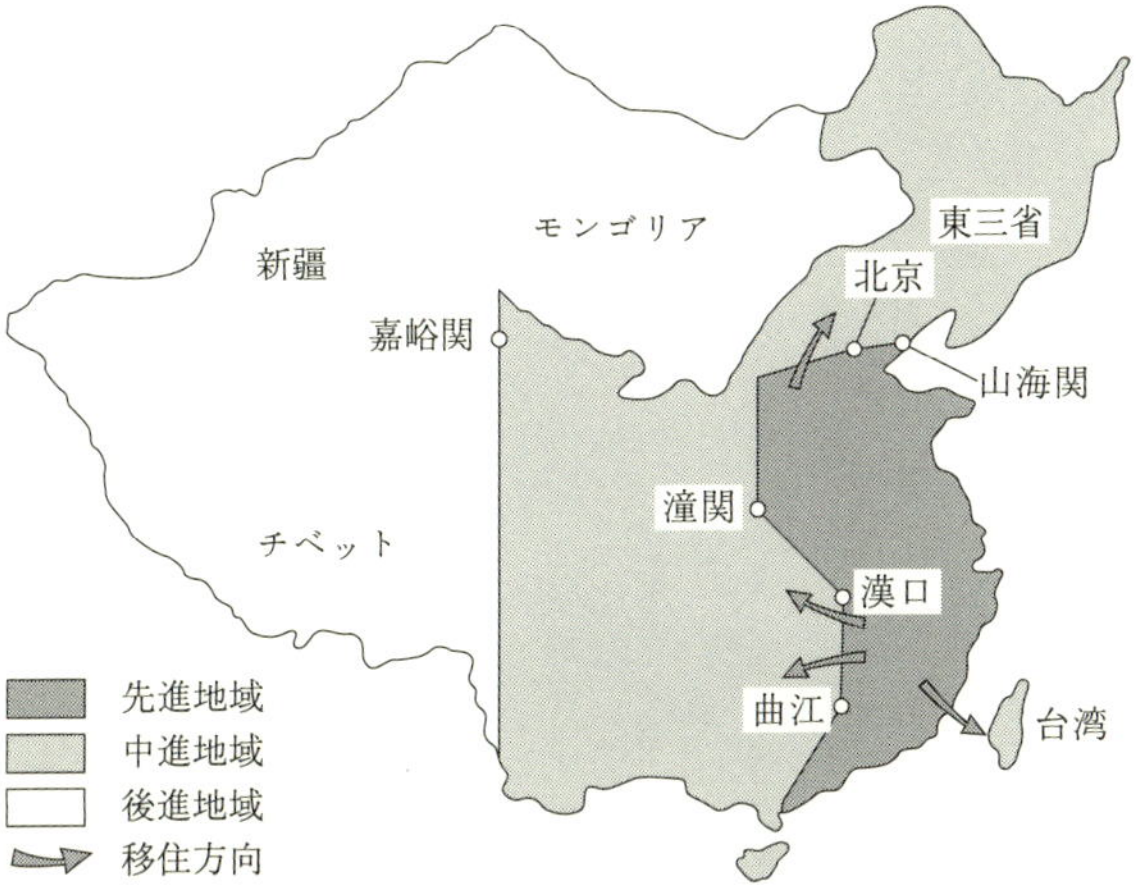

（出典）斯波『華僑』57 頁

それに固執した明朝とは違っていた。かれら自身がもともとは貿易集団だったからである。

一七世紀後半に実施された清朝の海禁は、政治的軍事的な必要に迫られた、一時的な貿易統制にすぎなかった。一六八三年、鄭氏が降服して、沿海の脅威が消えると、康熙帝はまもなく海禁を解いて、海外貿易を公認する。清朝本来の志向にたちもどったのであり、先に述べた海関が設けられたのも、このときであった。

その効果は覿面《てきめん》、一七世紀の末から物価低落に歯止めがかかり、一八世紀の前半にはインフレに転じた。ようやく不況を脱して「危機」は終焉し、中国経済も次の段階に入ってゆく。

†貿易の発展と「盛世」

再開した貿易の内容は、それまでと同じではない。最大のシェアを占めていた日中間の貿易は、日本の銀産が急減したために衰微している。日本が主要な輸出品を銅にきりかえ、ひきつづき中国の需要にこたえたため、なお日中の貿易は継続するものの、倭寇時代の活況をとりもどすことはなかった。

当時の中国にとって重要な取引先は、東南アジアとインドである。たとえばタイとの貿易では、米穀を輸入、手工業製品を輸出していて、当時の中国第一の港・広州だけでその量は、年三万五千トンにのぼった。インドとは南京木綿の原料となる綿花を輸入し、砂糖を輸出している。

そこに新たな貿易相手が登場した。西洋諸国の貿易商人は、一七世紀の終わりころから広州にやって来て、本格的に貿易を営みはじめる。一八世紀初には、その量は微々たるものでしかなかった。ところが、早くも同じ世紀の後半には、大きく購買を増やし、一七七〇年に二万トンと、およそ四十倍の増加をみせている。その商品は生糸・磁器など、やはり中国の特産物で、とりわけ茶が重要である。しかも西洋諸国は、東南アジアのように、中国が欲する物産をもっていなかったから、いきおい銀をその対価とせざるをえなかった。中国がデフレを脱し、景気を回復させたのは、こうした貿易の活潑化と銀の流入による。なかんずく日本に代わり、銀の新たな供給先として、西洋諸国があらわれたことが、以後の中国経済の帰趨を左右した。

そこで注目すべきは、イギリスである。この時期、世界市場の形成と産業革命がすすむなか、喫茶が定着普及し、中国特産の茶を大量に消費するようになってきたからである。一七八四年に一〇〇%以上だった茶の輸入税率を、およそ十分の一に引き下げた減税法commutation actの施行で、茶の買付は爆発的な増加をみせた。当時イギリスが輸出できためぼしい特産品は毛織物だが、中国ではほとんど売れなかったから、輸入茶の代価として、おびただしい量の銀が中国に流入しつづける。

かくて中国は、一八世紀の後半から物価が上昇し、未曾有の好況となった。中国の富力はこのインフレ好況で、飛躍的に増大する。これがちょうど、乾隆帝の治世の後半期にあたり、「乾隆の盛世」とよばれる清朝の黄金時代を現出した。本章冒頭にみたような、乾隆帝をはじめとする「地大物博」、アウタルキー的な経済観は、こうした好況時代の産物なのである。

物価ばかりではない。銀の流入と景気の回復は、銅銭の価値をもかつてないほど押し上げ、各地で銭不足の情況をもたらした。それはとりもなおさず、「地域」内部の通貨不足である。そこで清朝政府は、銅銭の大量鋳造・供給にふみきり、ここで「銀銭二貨制」、銀と銅銭の役割分担が、最終的にきまった。そうした事態は、日本から銅の輸入を増やしたり、銅鉱採掘のため、雲南地方の開発を促すなど、内外の経済情勢にも大きな影響を及ぼしたのである。

7　経済体制と社会構成の定着

†人口の増加と移民

この未曾有の好況期に何より顕著な事象は、すでに述べた人口の急増である。騒乱と不況の一七世紀、一億で停滞していた人口は、一八世紀に入って増加に転じた。これは清朝の中国支配が安定して、平和と生産が回復した、という要因が大きい。好況の持続と拡大は、この傾向をどんどん強めていった。人口は一八世紀半ばに、前世紀の三倍、三億に達し、なおも増加をつづけ、一九世紀に入ると、四億を突破する。

図表14　人口と米価の変動

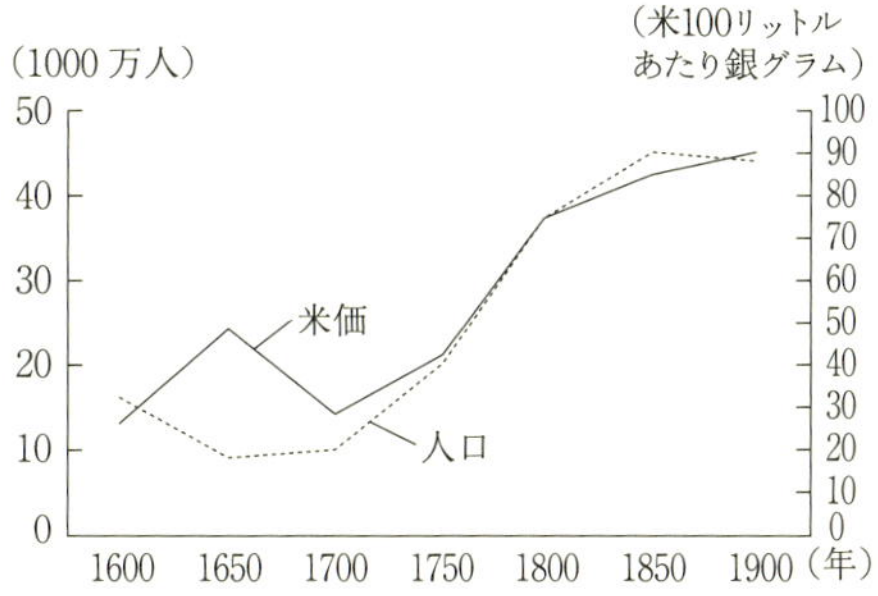

50年ごとの鳥瞰、米価は前10年の平均値。
(出典)岡本『李鴻章』16頁

　なぜこれほど人口が増えたのか、その究極的な原因はわからない。それをつきとめるには、経済的な考察だけではおそらく不十分で、当時の人々の行動様式、それを生み出す倫理・死生観にまで、立ち入って調べる必要があるだろう。ただ、まちがいなくいえるのは、厖大な貨幣供給による交易の促進、需要の喚起、それに刺激された生産の増加が、その動向を支えていたことである。図表14のグラフからもわかるように、物価の上昇と人口の増加は、歩調を合わせた趨勢だった。

　既存の耕地と産物だけで、増加した人口すべてを養うのは不可能だった。そこであらわれた現象は、移住民とその開発である。かれらはなお未開だった江西・湖北・湖南・四川の山地に向かい、粗末なバラックを建てて暮らした。

こうした動向に大きく関わっていたのは、新大陸原産の新たな作物、タバコ・トウモロコシ・サツマイモの普及である。これらは傾斜地でも栽培可能で、とくに後二者は主穀に代わりうる作物だった。山林を伐採して木材を生産する、あるいは耕地にかえて、タバコなどの商品作物をつくるかたわら、トウモロコシ・サツマイモで飢えをしのぐ、というのが、こうした移住民たちの生活である。

内陸の山岳地帯ばかりではない。雲南や広西・貴州・台湾など、さらに縁辺の地にも、移民の波は及んだ。東三省はその典型例である。満洲人が北京に入ったのち、人口稀薄になっていたこの地に、漢人の移住民が入植して、森林を切り開き、穀物の栽培をひろげていった。

それまで奢侈品の人参・貂皮が特産品だったこの地方で、注目に値する作物は大豆である。大豆そのもの、およびそこからとれる油はいうまでもない。搾油した後にできる大豆粕も飼料・肥料として有用であり、多くは松江・上海一帯の木綿栽培に投入され、その見返りとして、江南デルタの工業製品が送られた。新しい地方間分業の成立である。このような東三省と江南デルタの交易は、いよいよ密になった沿岸の海上交通によっていた。中国内にとどまらない。移住民は南シナ海・東南アジア各地にもひろがった。米穀の輸入に従事したタイへの移民は、その典型である。

図表15　地方間分業図２（清代）

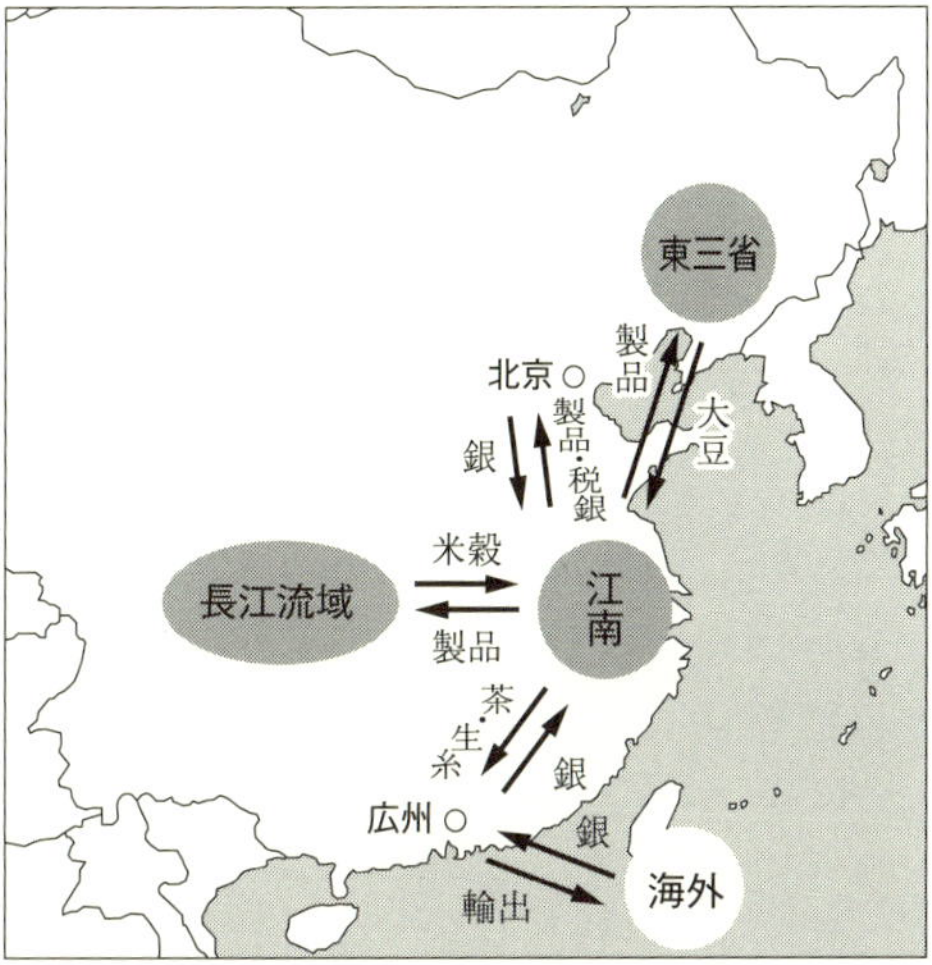

そんな商人の背後には、いっそう多数の移民労働者も存在した。のち一九世紀後半には、こうした動きが新大陸にも及んでゆく。地方間の分業と華人の生活圏・交易圏は、はるかに海をこえて拡大したのである。

中国のマルサス

人口の急増がもたらしたのは、移住民ばかりではない。そうした流動をひきおこす一因ともなった、社会全体の貧困化がいっそう問題であった。

一八世紀末から一九世紀初に、洪亮吉

という気骨ある学者・官僚がいた。時政の批判を直言したため、皇帝の逆鱗に触れて流罪に処せられたこともある。それだけに、世情をよく観察し、また憂慮もしていた。かれがとりわけ着眼したのは、人口増加の問題である。以下はその文章の一部。

田地と房屋は増えても倍、多く見ても三倍、五倍がいいところなのに対し、戸と口は十倍、二十倍とふえるので、田・房は常に不足し、戸・口は常に過剰となる。五十年前は、一人が労働すれば十人を養うことができ、たとえ耕作紡織する農家でなくとも、一人が外に働きに出れば、衣食は十分に余裕があった。ところが、いまはそうではない。農民は以前の十倍にふえたが、田地は増えていないし、商人も十倍に増えたが、貨物は増えたわけではない。……これでは一年中つとめても、一生涯余裕なく、品行の正しい者でも野垂れ死にし、悪いやつなら掠奪に走る恐れがある。

洪亮吉がこの文章を出したのは、一七九〇年代の前半。ちょうどマルサスの『人口論』と同じ趣旨で、しかも時期はわずかに先んじていた。そこでかれは、中国のマルサスともよばれる。もとよりマルサスほど理論化されているわけではない。けれども耕地・生産の増加が、人口増加のスピードに追いつけず、社会が全体として貧困化する危惧を、明快に指摘した。その危惧は、的中したといってよい。

この時期の人口増加は、銀流入と並んで、中国の経済に決定的な影響をあたえた。銀の流入が、形成途上にあった「銀銭二貨制」を、不可逆的に定着せしめる動因になったように、人口の増加は、顕在化していた貧富の懸隔を、いよいよ拡大させ決定づける役割を果たしたからである。

†零細な生業

そうした懸隔のありようを示すエピソードをひとつ紹介しよう。やはり一九世紀のはじめごろ、義に篤い広東人の紳士が、遊郭に遊んだときの話である。

呼んだ妓女は、相対してずっと黙ったまま。たまりかねて紳士が切り出した。

「この期に及んで、そんなつれないそぶりはないだろう」

妓女はすすり泣きはじめた。

「いいにくいことがありそうだ。はっきりいってごらん。そんな好色な男じゃないんだから」

「わたしはもともと良家の出です。夫を亡くし、子はまだ幼く、舅姑は老い、生活できなくなり、悪いやつにだまされ、ここに連れてこられたのでございます。ひとたび身を汚されましては、どこまで落ちてゆくのか、恐ろしいのです」

「いくら必要なんだ」

「二十元あれば、生活ができます。数元で燃料・食糧を買い求め、十数元で金貸しをします。わたしは針仕事が得意ですので、それでも収入を得まして、合わせれば、飢えることもございますまい」

「そういうことなら、おまえを汚さないでおこう」

紳士はそういって、二十元をわたした。

話の結末は、くだんの紳士がこのような善行をしたために、めでたく科挙にうかる、という因果応報の筋立てになっていて、すべてが実話とは思えない。しかし当時の世相の一端を示してはいよう。悪人にだまされて、身を落してゆく「良家」の未亡人の境遇も、興味深い。けれどもそれだけなら、どの世界・どの時代にでもありそうなエピソードである。

注目すべきは、その未亡人のいう生計プランにあろう。

わずか銀貨十数枚の資本さえあれば、金貸しができて、その利息で食べていけるという。未亡人の生活ばかりではない。「十数元」で金融業の資本になるような、きわめて少額の貸借が頻繁におこなわれていたこと、したがって、いっそう零細な販売・消費が普遍的に存在していた事実がここからわかる。

この場合、南方沿海の広東なので、西洋から入ったドル銀貨の「元」が流通している。「銀銭二貨制」によれば、貧民が日常つかうのは銅銭であるから、ややわかりにくいかもしれない。そこで念のため、やや時代は下るものの、それに即した例をあげよう。

一九世紀末の揚州。民間の慈善家が資金を出しあって「借銭局」を設置し、貧民向けに資本の融資をおこなった。銅銭八百文から五千文までを無利子で貸し付け、二十回に分けて百日で返済する決まりである。好評を博して、二千四百戸以上が融資を受け、貸出総額は四百万文あまり。単純計算で一戸あたり一千六百文あまりの割合である。清代も明代と同じく、政府の公定レートは銭一千文＝銀一両、それで換算すれば、銀一・六両、すなわち約六十グラム、それだけで生業の元手になった。実際にはもっと少ない額の場合もあっただろうから、いかに零細な生業だったかがわかる。

この場合、無利子だから好評だった。だとすれば通常、決してそうではない。この時代には「典当業」、すなわち一種の質屋が大いに発展した。そうした零細な金融の需要にこたえるためである。だがそれも、抵当がなくては使えない。融資の需要が高く、なおかつ担保に乏しければ、必然的に金利は上昇する。金利が高いのは、元利回収のリスクが高いことを示しており、それだけ紛争も起こりやすい。

†貧民の生活

その背後にあったのは、農村を中心に増加した、おびただしい貧民の存在である。既存の田地のみでは、農村にとどまれる人の数は限られている。あぶれた人々は未開地に移住すると同時に、都市にも流入した。その生活はきわめて苦しい。

しかも今日でいうところの社会保障や生活保護などは、皆無だった。「良家」の妻も、夫を亡くし生業を失えば、たやすく悪人にだまされて、身を落としてしまう。政府権力・官僚制は「自己の保存」しか考えないチープ・ガバメント、民間の社会経済には介入しない体質で一貫していた。

そこで社会福祉の機能を果たしていたのが、中間団体である。揚州の「借銭局」も当時、流行していた慈善事業の一環であり、もちろん揚州だけに限ったものではない。そんな慈善事業に特化した中間団体を「善会」と総称する。内藤湖南があげた「育嬰」「救貧」はもとより、医療・介護・埋葬など、日常生活に深く関わる事業を担っていた。こうした善会は、明清交代の時期にはじまり、一八世紀の末から盛行する。その経過も中国の社会経済の動態とその特徴を物語っていよう。

もちろん貧しい庶民は、自ら日々の糊口をしのごうと、あるいはそんな境遇からはいあがろうと、必死だった。限られた土地・限られた資本を奪い合う激烈な競争である。そんな過当競争は、権力のチェックがないだけに際限がない。いよいよ信用は限定され、金利も上がる。

そうなると、小さな耕地を小作する農民などは、商品作物ばかり作っていては、いつ産物が売れずに、財産を蕩尽するやもしれない。生存のためには、どうしても自給目的の生産が必要になる。上に述べたように、「地域」の内需を自給が満たす割合が大きいのは、こうした事情によっていた。

もっとも、そんな自給をともなう経営で競争に勝つには、何よりも安価な生産が必要で、コストを切りつめなくてはならない。かくて節約の容易な労賃コストが、まっさきに減らされ、労働・サービスへの対価は、限りなく低く抑えられた。華人が苛酷な労働に耐える低廉な労働力だと評価されたのも、元来はこうした経済構造・行動様式に由来する。人口も依然、右肩上がりで増えてゆくので、いよいよ貧困に拍車がかかり、その境遇は固定していった。

†固定的で不安定な重層社会

金利が上がり、貸借の競争が激化するのは、借り手の増加ばかりが原因ではない。貸し手のほうに大きな資本がないことにもよる。

一八世紀の好況で、富める者はますます富み、都市の富裕層を中心に奢侈の風潮もひろまり、絢爛たる消費文化が展開した。その範を垂れたのが時の天子・乾隆帝、そのぜいたくぶりは、あまりにも有名である。しかし事業への投資・資本の蓄積はすすまなかった。そこには、やはり当時の権力と社会の関係、あるいは伝統経済のしくみが作用している。

金融業にかぎらず、大きな資本をそなえるには、なるべく多くの人から遊休の資金を集めればよい。その場合、見ず知らずの人に資金を貸しても、確実に返済してもらえる保証が必要である。また現代の会計監査や破産手続などのように、投資に対するリスク回避の制度も構築しなくてはならない。それには、権力による広域的、統一的な金融の管理・市場の規制・背任への制裁が不可欠である。たとえば、当時の西洋で発達しはじめた株式会社や銀行は、その典型であろう。

しかし清代の中国では、それは不可能だった。官と民・政治と社会が乖離し、私法の領域・民間の経済に権力が介入しなかったからである。貸借の保証はそのため、個々人間の信頼関係でなりたたざるをえない。信用はその範囲にしかひろがらないから、金銭を貸借できる対象も、自ずから限られてくる。

そのため「盛世」の事業資本は、われわれが想像するよりも、はるかに小さい。余剰・遊休の資金は、奢侈に費やされるのでなければ、市場に出ずに退蔵されてしまう。たとえ富裕な大商人であっても、たえず運転資金の欠乏に苦しんでいた。貧民はもとより、富民も限られた資本を奪い合い、決して安穏を約束されてはいなかったのである。

銀・銭と貧・富。こうした表象からみてとれるように、伝統経済の体制は、重層的な二元構造をなしている。それは「官」と「民」とが隔絶し、「士」と「庶」とが乖離した二元的な社会構成にもとづくものであり、一五世紀から一八世紀にわたる制度再編と景気波動によってできあがり、定着した。制度的な階層の二元区分は、判然として固定的でありながら、それぞれの階層内部では、人々が激烈な競争によって、浮き沈みをくりかえす不安定な様相を呈していた。

それは世界の動きと密接に関わっており、もちろん日本も無関係ではない。その行く末もしたがって、世界史・日本史の展開と切り離すことはできないのである。

Ⅳ モダニゼーション
——国民経済へ向かって

modernization

袁世凱銀元（出所：http://ja.wikipedia.org/wiki/%E3%83%95%E3%82%A1%E3%82%A4%E3%83%AB:China-1Yuan-1914.jpg）

1　序曲——一八七〇年代まで

†伝統と近代

「伝統」という概念は、「近代」「現代」の対極に位置する。日本はもとより、中国もおそらくかわらない。自らとは異なる世界に由来し、旧来の伝統を克服すべき新しい時代を近代と称する。明清時代にできあがった経済体制を、ことさら「伝統経済」と呼んだのも、そうした意味を含んでいる。

われわれはこのように通例、古い「伝統」を改める、新しくすることを近代化《モダニゼーション》とおよび、中国語では「現代化」ともいう。そこには、一定の断絶がある。しかし欧米では、一六世紀以来の歴史がそのまま、一九世紀の近代につながり、modernity と tradition は必ずしも断絶、矛盾しない。アジアではそれに対し、一九世紀の末まではあくまで「伝統」であり、旧態であった。

これを世界規模でみるなら、東アジアの伝統と欧米の近代は、同じ時期に並立、並行して形づくられたものにほかならない。しかも相互に連関している。イギリスの産業革命は中国の伝統経済と密接な関わりをもって進行したし、その産業革命は中国経済に大きな影響を与えた。その両者をむすびつけた貿易をとりあげ、そのあたりの事情をみてゆこう。

†貿易の旋回

一八世紀を通じ喫茶の風習がひろまったイギリスは、中国に輸出できる対価をもたなかったから、茶を手に入れつづけるには、銀と引き換えるほかなかった。茶は当時、中国にしかできなかったのである。かたや、その銀を吸い上げた中国が、伝統経済を確立させたことは、すでに述べたとおり。銀の持続的な流入があればこそ、好況に沸くこともできた。けれども国内産業を育成するため、資金需要が高まっていたイギリスにとっては、大量の貴金属をもちだす貿易、一方的な入超は、もはや坐視できない問題である。そこで着眼したのは、植民地化をすすめるインドだった。

インドはすでに中国との主要貿易相手である。しかもイギリスとは異なり、中国が必要とする産物を有していた。たとえば綿花は、中国紡織業の原料として、少なからず輸入されている。イギリスはこうしたインド物産の売り込みを増やすことで、入超を是正しようとした。そのうちアヘンが中国側の需要にこたえて、一九世紀に入ると、売り上げが急伸し、茶に対する支払いを相殺できるまでに増大する。

中国・イギリスの貿易は、茶の輸入でイギリスの赤字であり、インド・中国貿易は、綿花とアヘンの輸出でインドの黒字。イギリス・インド間の収支は、関税率や為替などの操作でイギリスの黒字にする。それらを組み合わせて全体の決済をおこなう、いわゆる三角貿易が成立した。

さらにランカシャーの綿工業が興隆してくると、原料の綿花をはじめ、アメリカからいよいよ多くの輸入に依存しなければならない。アメリカもイギリスと同じく、中国茶の購入者だったので、アメリカに対するイギリスの支払いをも、アヘン輸出の黒字でまかなえるような貿易構造とし、最終的な決済をロンドンの国際金融市場に集約させるグローバルな規模の多角的決済網をつくりあげた。いわゆる世界経済の形成にほかならない。これをイギリスと中国という場にかぎって見ると、イギリスの産業革命がすすめばすすむほど、より多くのアヘンが中国に流れこむ、という現象を呈する。

アヘンはもちろん麻薬である。清朝政府も当然、輸入・吸引を禁じていた。ところが一八世紀末、中国のアヘン輸入は判明する分だけで、およそ四十万人分の消費量だったのが、一八三八年には、十倍の四百万人分に急増する。中国への持ち込みは、いうまでもなく禁を犯す密輸だった。中毒者も少なくない。しかしアヘン貿易がなくなったら、産業革命のイギリス経済のみならず、世界経済もたちゆかなくなる可能性もある。そこにアヘン戦争が起こらざるをえない必然性があった。

†密貿易の位置

そのため、アヘン戦争が世界史上、小さからぬ意味をもつ事件だとみることに異論はない。しかしながら、中国人の固定観念のように、そこで中国の新しい時代、「中国近代史」がはじまる、というのには、疑いをさしはさむ余地がある。すでに政治史・外交史の研究が明らかにしたとおり、その時期・その文脈で旧来の体制に、大きな変化はみられない。それはどうやら、経済も同じである。

戦争の直接の原因となったアヘン貿易を考えてみよう。アヘンが麻薬で禁制品、その取引が密輸だったので、アヘン貿易が対外的には商業秩序、対内的には社会秩序を乱したことにまちがいはない。もっとも、そんな秩序崩潰の原因をもっぱらアヘン貿易に帰するなら、それは誤りである。秩序が乱れた、というのなら、それはつとに別のところではじまっていたし、旧態からの転換であるともかぎらない。

アヘンをもちこみ、売りつけたのは、確かにイギリスである。しかし中国には、その禁制品を欲する社会的需要と禁じえない政治的構造とがそなわっており、政府権力がいかに禁じても、その禁令を骨抜きにしてしまう厖大、強力な受け入れ態勢が民間社会にあった。

その最たるものが、非合法・反権力的な中間団体、いわゆる秘密結社である。これが沿海から内地にいたるまで、ネットワークをはりめぐらせて、アヘンを密輸密売していた。くりかえし禁令を発したにもかかわらず、実現できなかったのは、政府当局が取り締まる有効な手段を持たなかったからである。それは民間の経済活動に対する権力の不干渉という清朝統治の体質に根ざしていた。

そうした現象は、何もアヘンばかりに限らない。一九世紀の前半という同時期でみれば、禁制品のみならず、専売品に議論をひろげても、ほとんど同じことがいえる。たとえば、専売品の最たるものは塩であり、その専売制度もこの時期、すでに崩潰に瀕していた。ここでもやはり、増殖した秘密結社がその密売買に従事し、課税をのがれた私塩が厖大に流通していたからである。

当局の統制する商品にとどまらない。通常の貿易取引でも、類似の事象がみられる。

イギリス側は株式会社・銀行を発達させ、潤沢な資金で大量の茶・生糸を買い付けた。中国側でその買付に応じたのは、官許をえて納税にあたった少数大手の貿易商である。ところがかれらは、取引の量が増すにつれ、運転資金の欠乏に苦しんだ。伝統経済のしくみによって、大きな資本を集めることができなかったからである。イギリス商人に借金をして返済できず、倒産する企業が続出、取引の現場はとかく円滑を欠いていた。これもアヘン戦争をおこしたイギリス側の不満のひとつだったのである。

†買辦の起源

そこで実質的な取引にたずさわるようになるのは、官許の貿易商以外の華人商人である。大資本をもつ外国商社は、かれらに資金を個別に貸し付けて、輸出入品の売買を委託した。外国側にとっては、時と場合により、都合のよい取引相手を自由に選べるところがメリットだった。いわゆる買辦《ばいべん》の起源は、ここにある。

こうして貿易に従事した華人商人たちは、政府当局から認可を受けていなかったから、とりもなおさず非合法的な存在である。もちろん納税などしないから、その取引が増えるにしたがって、脱税もはびこった。アヘンの密貿易も、こうした形態の取引の一種・バリエーションだと考えるほうが、むしろ真相に近い。

こうした情況はいうまでもなく、秘密結社の叢生に深く関わっていた。アヘンにせよ、私塩にせよ、あるいは一般の商品にしても、それをあつかう華人商人たちは、例外なく中間団体に属していたからである。人口の増加にともなう中間団体の増殖、その秘密結社化が、交易の脱税化・密輸化をもたらした。それはこのときはじめて生じた事態ではない。一八世紀からつづく趨勢だったわけである。

†戦争・条約・開港の意味

したがってアヘン戦争の結果、むすばれた南京条約も経済上、重大な意味をもちえない。上海や福州の開港やそこでの貿易の発展は、たしかに新しい事態ではある。しかしそれは構造的、本質的な変容ではなかった。それまで広州で繁栄していた西洋貿易の場が、ほかにも分化、移動したにすぎない。

貿易の全体でみても同じである。イギリスが銀で買い付けるにせよ、アヘン・綿花などインド産品を代価とするにせよ、茶・生糸を輸出する、という旧来の貿易構成は、アヘン戦争の前後を通じて変わっていない。

一八三〇年代になって、アヘン輸入の増大で銀が流出し、銀価が急騰して政治・社会が混乱した、という史実経過は、世界史の教科書にも書いてあって、あまりにも有名である。しかしその実体経済に対する影響は、いかほどだったであろうか。

アヘンが輸入されるには、もちろんそれに対する需要・消費がなくてはならない。しかしその流入増大が、同じだけの吸引者・中毒者、あるいは実質的な貿易赤字の増加を意味するとはかぎらない。

アヘンは一定の需要をもつ、少量で高価な商品であるため、貴金属と同じ価値がある。それなら伝統経済の性格からすれば、秤量貨幣の銀に代わりうるのであって、取引の場では、「通貨」の役割を果たしていたケースもある。

まさか政府が禁制品のアヘンで税金の徴収、支出はできないから、銀流出が財政の範囲で混乱をひきおこしたことは、まちがいあるまい。けれども流通経済に及ぼした影響は、そんなに大きくなかった、とみることも可能である。

よしんば、アヘン輸入と引き換えの銀流出をそのまま、中国の貿易赤字と数えたとしても、その入超が以後も、固定的に永続したわけではない。一八五〇年代には、カリフォルニア・オーストラリアのゴールドラッシュで新しい海外市場ができ、需要が増大したことで、茶・生糸の輸出が大幅に伸びる。しかもアヘン戦争のはるか以前から、ケシ栽培・アヘン生産は中国内ではじまっており、戦争後も増産をつづけた。最大の産地に成長したのが四川省であり、これで中国屈指の富裕な地方になる。アヘンの輸入はそのために伸び悩んで、銀の流入が再開し、中国の出超も回復した。

外国商社が華人商人に中国内の取引を委託する慣行も変わらない。それどころか、買辦制度として根づいて、いっそう盛んになった。中国に進出した外国資本は、中国内の「地域」ごとに異なる「通貨」・慣行や度量衡を知る手段も意欲もなかったため、買辦なしに貿易取引は事実上、不可能だったからである。買辦はそれに乗じ、取引決済の主導権を握って優位に立ち、しばしば外国商社と紛争を起こした。その様態にこそ違いはあっても、本質はやはりアヘン戦争以前とかわっていない。

†伝統経済と綿布

条約・開港という、西洋人からみた新時代の到来は、こうしてみると、むしろ従来の継続と理解するほうが、客観的な事実に近いだろう。それは外国側による茶・生糸の買付、中国側の出超、買辧制度などにとどまらない。綿布の輸出不振もしかりであった。

機械製綿布の中国輸出は、いうまでもなくアヘン戦争以前から、ランカシャーの産業資本が念願としてきたものである。アヘン戦争をひきおこした原動力の一つでもあったその願いは、しかしながらついに夢に終わった。厖大な人口を有する中国は、イギリス綿布に対し「無限」の市場がある、というランカシャーの願望を「神話」に終わらせた史実経過は、伝統経済の構造が一九世紀の後半になっても、なお基層的な変化をきたしていなかったことの現れであった。

「ミッチェル報告書」という英文資料がある。イギリス香港政庁の職員・ミッチェル（W. H. Mitchell）が作成した調査書で、一八五九年に公表されると、同じ年のうちにマルクスが、その論文に引用したことで著名になった。

イギリスの政府当局がこの調査報告を公にした目的は、ランカシャーの産業資本が中国市場に抱いてきた過剰な期待をしりぞけることにあった。イギリスの機械製綿布はなぜ、中国で売れないのか。ミッチェル報告書がその疑問に対する解答をつぶさに述べていたからである。われわれからみれば、それは伝統経済の構造の一端を語っているにひとしい。

まず中国の人口の大多数をしめる労働者は、厚手の丈夫な衣服を着る。ランカシャーが製造する薄手の綿布には、したがって需要がない。イギリスの輸出はそもそも消費者のニーズに合っていない、という指摘である。

さらに重大な論点は、その厚手の衣服がどうやってできるのか、である。ミッチェルは勤務経験のある福建を事例に、農民の暮らしを描写する。かれらはサトウキビを栽培し、砂糖を商人に売る。つまり商品を生産していた。そうでありながら、その代価を「現金 in money」だけではなく、華北産の綿花でもうけとる。冬の農閑期になると、農家では老若男女を問わず、その綿花を太糸に紡ぎ、厚手の綿布を織り上げて、自家の使用に供した。余ってはじめて、近隣の町で売却する。

余剰の労働力を利用して、自分の必要に合った綿糸・綿布を作る農民の工業は、ほとんどコストがかからない生産だった。イギリス製綿布を買う動機が中国に生まれないのは、こうした農村手工業の価格競争力にあるというのが、ミッチェルの結論である。かれはさらに、福建にかぎらない、とつづける。

地域によって交易品目は異なっても、まったく同じしくみが、中国じゅうに普及している。……かくて中国全土の規模で、南北諸省の産物が緊密に結び合わされ、各々の労働が相互に依存し合い、全体として、いわば外国人とその新商品を閉め出す方向にはたらいている。美しい経済！　世界中のどの国にも、同じ規模でかなうものはない。

かれが「美しい経済 A beautiful economy !」と驚歎したものは、商品生産に従事する農民の「驚くべき節約性 admirable economy」にもとづく自給生活にほかならない。労働コストをきりつめる貧民の経済生活こそ、機械制工業に対抗しうる価格競争力の源であると同時に、伝統経済それ自体の基層をなすものであった。

マルクスはこのミッチェル報告書をひとつの根拠に、工業が農業から分離、専門化していない中国の「停滞性」を見いだし、「アジア停滞論」を構築してゆく。「停滞」とみなすのは、必ずしも適切ではあるまい。けれどもいわゆる「西洋の衝撃《ウエスタン・インパクト》」に遭ってなお、社会経済が前世紀以来の構造を根強く維持していたのは事実であり、たとえば日本の開国と比べても、その強靱さはやはり「驚く」に値しよう。

†貿易の増加と上海の勃興

このようにアヘン戦争を経ても、経済の構造に根本的な変化はない。では、それ以前と何が変わったのか。端的にいえば、外国貿易とそれにともなう内地流通の量的増加である。西洋近代との関係は、「衝撃」という言い回しから連想しがちな質的な劇的転換とみるのではなく、むしろ量的な拡大にともなう漸進的な深化・変容だと考えたほうがよい。

アヘン戦争時・一八四〇年の貿易総額は、およそ四千万両。これは穀物・綿製品・絹製品・茶・塩など主要商品の生産総額推計とくらべると、十分の一にしかあたらない。その四半世紀のちの一八六四年になると、統計数値の単純比較で、貿易額は倍以上の約一億両、そのまた二十年後の一八八三年には、三倍以上の一億四千万両にのぼった。

この貿易増加を担ったのは、新たに参入した外国商社と華人商人であり、その参入を支えたのが、新たな金融業である。一八六〇年代から本格的に中国へ進出した外国銀行は、外国商社に対する融資、中国と外国との間の送金決済などの業務をおこない、イギリス領の香港では、ドル銀貨建てで独自の貨幣を発行してもいた。これに対し、中国内の送金や華人商人への融資を担当したのが、土着金融機関の票号・銭荘である。公金の為替送金は主に山西省出身の票号が、交易への融資は浙江省寧波出身の銭荘が担った。

買辦商人に貿易経験の豊かな広東人が多かったことを考えあわせれば、開港以後にさかんになった貿易・金融の企業にも、やはり同郷同業で結集する中間団体の組織原理が貫いていたわけである。

この票号・銭荘も業務の拡大にあたっては、外国銀行から融資を受けた。西洋のような株式会社を組織できず、大きな資本をもてなかったからであり、あたかも買辦商人と外国商社の関係と同じである。外部・海外からの資金注入で流通が活潑化する、という明清以来の伝統経済の構造と体質が、ここにも表現されているといってよい。

図表16　対外貿易額

（100万海関両）

年次	輸出額	輸入額	合計
1864	49	46	95
1883	70	74	144
1903	214	327	541
1913	403	570	973
1920	542	762	1,304
1928	991	1,196	2,187
1936	453	604	1,057

（出典）狭間直樹ほか『データでみる中国近代史』有斐閣、1996年、21頁

こうした動きの中核的な舞台となったのが、新たな開港都市・上海である。上海はもともと中国経済の心臓部・江南デルタへの窓口、蘇州の外港として開かれた港だった。ところが一八六〇年、太平天国が蘇州を占領、その人と富が避難して以降、上海が蘇州そのものに取って代わる。

蘇州が大運河の交通と中国内の商工業で栄えた都市だったのに対し、上海の繁栄は海運と貿易による。蘇州はその産業を少なからず海外市

場に依存していたことは確かだが、しかし自らが海外に直結してはいなかった。上海はそうではない。はじめから海外とむすびつくことを前提に、東は東シナ海をこえて日本と、西は長江を遡航して内地と、南方は広州・香港をへて華南・東南アジアと、北方へは天津・渤海沿岸と通ずる要衝に位置した。それまで流通の心臓は蘇州、大動脈が大運河・河川水系だったのに対し、一九世紀の後半になると、前者は上海、後者は沿海・長江にそれぞれ置き換わり、海外貿易がいっそう拡大してゆく。

†外国と不平等条約

数値ではかるかぎり、中国経済の貿易依存度は、当時さほど高くなかったといえる。それはしかし、貿易が中国に影響を与えなかったことを意味しない。

この増える貿易を現場でいかに秩序づけてゆくか、が課題だった。アヘン貿易に典型的なように、増大した分が主として、密輸・脱税という現象であらわれたからである。これは沿海の取引でも、内地の流通でもかわらない。一八世紀後半以来の秘密結社の叢生にともなう治安の悪化が、商業・通商という局面で顕在化したものである。

いいかえれば、一八世紀前半までは、清朝旧来の権力体制で治安維持を手当できていた規模の民間社会が、人口の激増で膨脹して、その許容量をはるかに上回った。そのため、「官」が統御しきれなくなった中間団体は、秘密結社として逸脱し、それらがたずさわる経済活動も、自ずから非合法化したわけである。

そのうち対外貿易の密輸は、外国商人との結託によって起こる。すでに華人の中間団体・民間社会すら統御しきれない中国の政府権力が、外国人とその社会まで取り締まれるはずはない。そこで、中国に居留する外国人に対しては、外国官憲の手で、外国のルールで統制する方法をとらざるをえなかった。

あるいは居留外国人社会も、中国の政府権力からすれば、在来の中間団体・秘密結社の一種、バリエーションにほかならない、とみたほうが、客観的な事実に近いのかもしれない。武力を有していたから、なおさらである。この場合、外国官憲が郷紳・紳董に、外国のルールが中間団体の規約・慣習に相当しよう。

後世の中国人が非難してやまない不平等条約、たとえば治外法権も租界も、そうした中国の社会経済構造の必要に応じてできあがり、存続していったものなのである。外国貿易の密輸・脱税を取り締まるべき海関が、外国人の管理に委ねられたのも、まったく同じ文脈によっていた。

†内乱と秩序の回復

もとより、外国側を手当するだけでは足らない。中国内の秩序再建も必要である。それには、反権力的な秘密結社が治安悪化と内乱の原動力だった以上、主として二つの方法がありうる。その秘密結社を撃滅するか、さもなくば、体制側に寝返らせればよい。

しかし前者には、従来以上の軍事力が、後者には包容力・統制力が必要である。いずれにしても、治安悪化や内乱勃発を防げない旧来の官僚制のままでは、不可能であった。そこで権力の再編が不可避となる。太平天国をはじめ、一八五〇年代に猖獗《しょうけつ》をきわめた中国の内乱とその平定は、そうした再編のプロセスだと理解してよい。

治安の悪化と内乱の発生は、秘密結社のみならず、通常の中間団体にも、自衛のために武装をうながした。かくておびただしく増殖した潜在的・顕在的な武装中間団体は、清朝・権力に対する態度で二分、整理できる。清朝に敵対する側は秘密結社となって、太平天国をはじめとする反乱勢力に荷担、それに対し権力を支持する側は団練などの自警団を組織して、曾国藩《そうこくはん》ひきいる湘軍・李鴻章《りこうしょう》の淮軍などの義勇軍に結集した。

反乱勢力も義勇軍も、武装中間団体という本質に変わりのない社会構成体の集積である。

互いが互いに寝返るのも、容易だった。反乱が時を措かず大規模になったのも、なかなか平定しきれなかったのも、おびただしい死傷者を出しながら、戦闘終焉という以上の社会変革をもたらさなかったのも、そのためである。

この義勇軍を組織、掌握したのが、一省の軍政・民政を統轄する地方大官の総督・巡撫であった。秘密結社の反体制的な蠢動・結集・蜂起を圧伏し、治安を維持してゆくには、機動的に軍隊を動かせるよう、より「地域」に身近な現地当局が指揮権をもつほうが適切だったからである。曾国藩も李鴻章も要地の総督・巡撫として活動した。

そしてその軍事力はこれまでなかったものであるため、新たに財源を必要とした。すでに使途の決まった既存の財政収入からは、その経費をまかなうことができなかったからである。義勇軍の指揮官たる総督・巡撫は、どうしても個別に自ら新しい施策を打ち出し、必要な資金を現地で調達しなくてはならない。大きな裁量が総督・巡撫に委ねられた。

†釐金とは何か

その最たるものが、新たな課税である。秘密結社・反乱勢力は禁制品のアヘンや専売品の塩を売買するなど、要するに、密輸で自らを養っていた。それに対し、義勇軍の軍費をまかなったのは、多くの場合、釐金《リキン》の収入である。ここからも、両者が同質だとわかる。

釐金というのは、寄付の名目で商人から軍費を拠出させる方法である。当初かれらのあつかう商品価格の一厘《パーセント》（＝釐）の率で拠出金を課したので、この名称がついた。

それまで流通税・商業税としては、関税があったけれども、これは上述のように、少数の大商人のみを特許し、納税をふくめて商品取引を請け負わせたものである。ほかの商人が交易すれば、それはとりもなおさず、課税納税を免れる不法取引となった。

釐金はこうした商人たちを地方当局が捕捉して、もともと不法だった交易を当局が承認保護してやる代わりに、その上前をはねる、という方法にほかならない。それを実現するのに最も便宜なのは、その商人が属する中間団体の存在を、業種のいかんにかかわらず、まるごと当局が公認して、商人の統率と資金の拠出を任せてしまうことである。

そのため秘密結社が従事するアヘン・塩の密売も、承認保護と釐金賦課の対象になった。それは密輸を合法化するのみならず、反乱勢力に与する武装中間団体を、その資金源もろとも義勇軍に取り込むことを意味する。政府の軍事力を強化すると同時に、秘密結社・反乱勢力そのものを権力の側に寝返らせることにもつながった。

†督撫重権

太平天国をはじめ、十年以上にわたって猖獗をきわめた内乱は、一八六〇年代におおむね平定された。この史実経過を当時の元号にちなんで、「同治中興」と称する。

その社会経済的な内実は、以上のとおり、秘密結社をふくむ武装中間団体が、総督・巡撫を支持する軍事的・経済的勢力に転化したことにある。それにともない、総督・巡撫は所轄地方の軍事権・財政権をにぎって、清朝の内政外政に大きな発言力・指導力を有するようになった。学界ではこうした現象を、たとえば「督撫重権」とよんでいる。

これは一見すると、地方割拠の様相にほかならない。西洋近代の国民国家体制からすれば、中央集権の国家形成に逆行しているようにみえるし、また、中国は統一すべきだというイデオロギーからしても、あってはならないことである。現実の歴史過程でも、民国時代の軍閥抗争の淵源をなすことから、しばしば非難の対象となってきた。しかし当時の情況からすれば、それなりに合理性のある動きだった。

そもそも清朝の中国統治は、当初から実地の政務の多くを地方の総督・巡撫に一任していた。その人事・行政を北京で点検統制し、最終的な決定権を皇帝が握った、という体制

図表17　社会構成２（督撫重権）

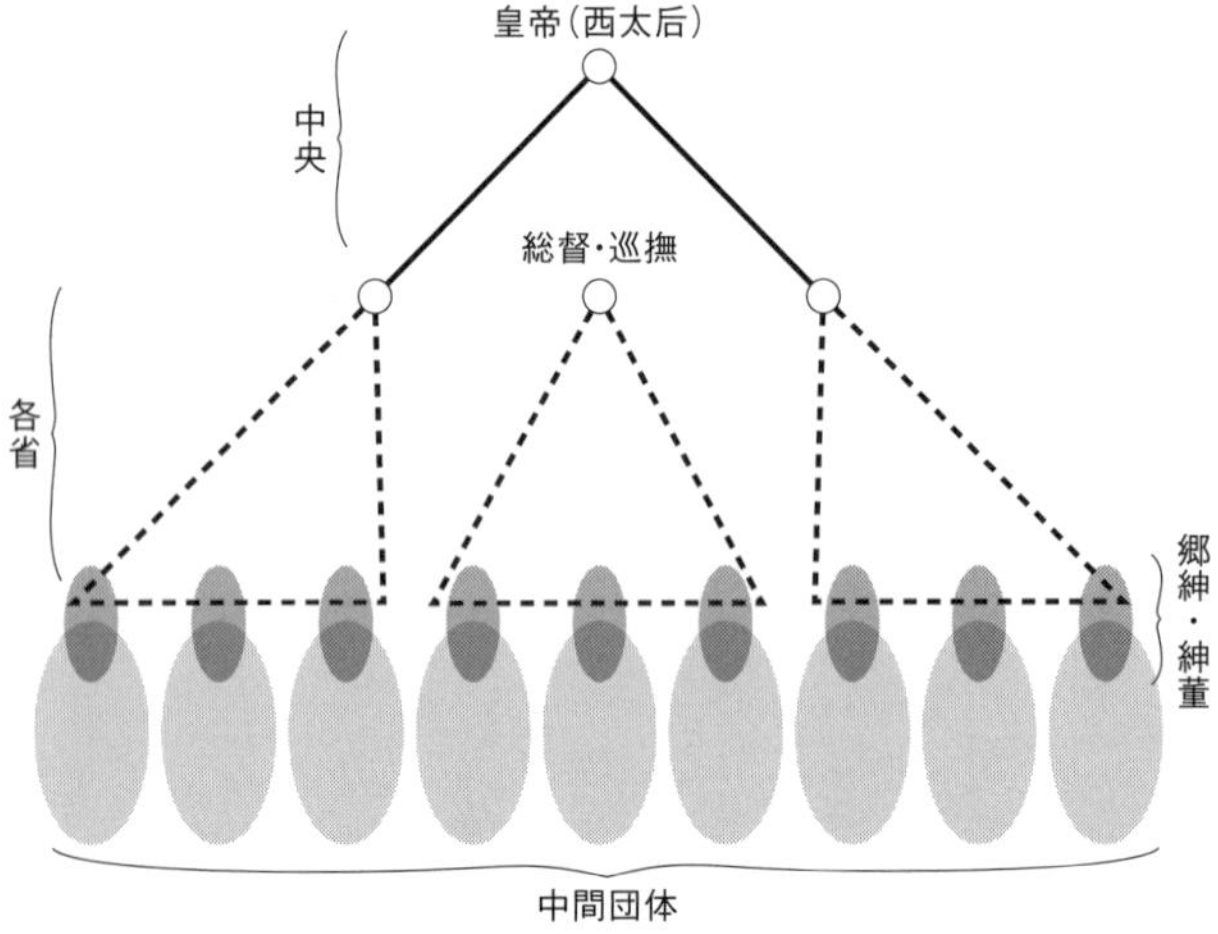

である。それで一八世紀の前半までは、うまくいっていた。

ところが以後、一九世紀の前半までに進行した人口の増加と武装中間団体の叢生・蜂起は、こうした体制を無力ならしめた。そんな事態は、清代初期には存在しなかったし、政府権力も想定しておらず、したがって制度・機構上のそなえもなかったからである。

それに対処しうる有効な手だてを模索していきついたのが、義勇軍などの新軍隊・釐金などの新財源であり、所轄の地方行政に対する裁量を拡大した督撫重権だった。いずれも実地に武装中間団体を権力の側にとりこみ、あらためて「地域」を確実に統治し、その治安・秩序を維持するために生みだされた手段であった。

北京の清朝中央も、内乱を制圧し、事後の騒乱を未然に防ぐため、自らの利害に大きく反しないかぎり、おおむね事情に通じた現地当局の処置にまかせている。それが総督・巡撫の拡大した裁量の正当化にひとしくなり、中央の君臨と地方の統治は嚙み合って、バランスを保った。

幼少の皇帝に代わって北京朝廷の主となった西太后と、中国最強の義勇軍を率いて督撫重権の第一人者になった李鴻章との関係が、その典型というべきものだろう。そうして得た安定は、およそ二〇世紀に入るまで継続した。中国の伝統経済もその間に、督撫重権をひとつの足がかりとして、変貌を始めることになる。

2　胎動——一八九〇年代まで

†輸出貿易の変化

中国の伝統経済は外向きの体質であった以上、それが変容に向かう契機も、やはり外との関係、貿易から生じている。

中国の貿易は一八八〇年代に入るまでに拡大したけれども、それはむしろ量的な増加であって、質的には従前とほとんど変化はなかった。ところが一八八〇年代から二〇世紀に入るころには、量的な増大のみならず、質的な変容も顕著になってくる。

一八八三年に一億四千万両あった貿易量は、統計数値の単純比較で、その二十年後、一九〇三年には五億四千万両と四倍近くにのぼり、それまでの増加率を凌駕している（図表16）。さらにその十年後には、その倍近くにふえた。この拡大は従前のように、中国の特産品だった茶・生糸の輸出伸張がもたらしたものではない。

図表18　19世紀後半中国の輸出の推移

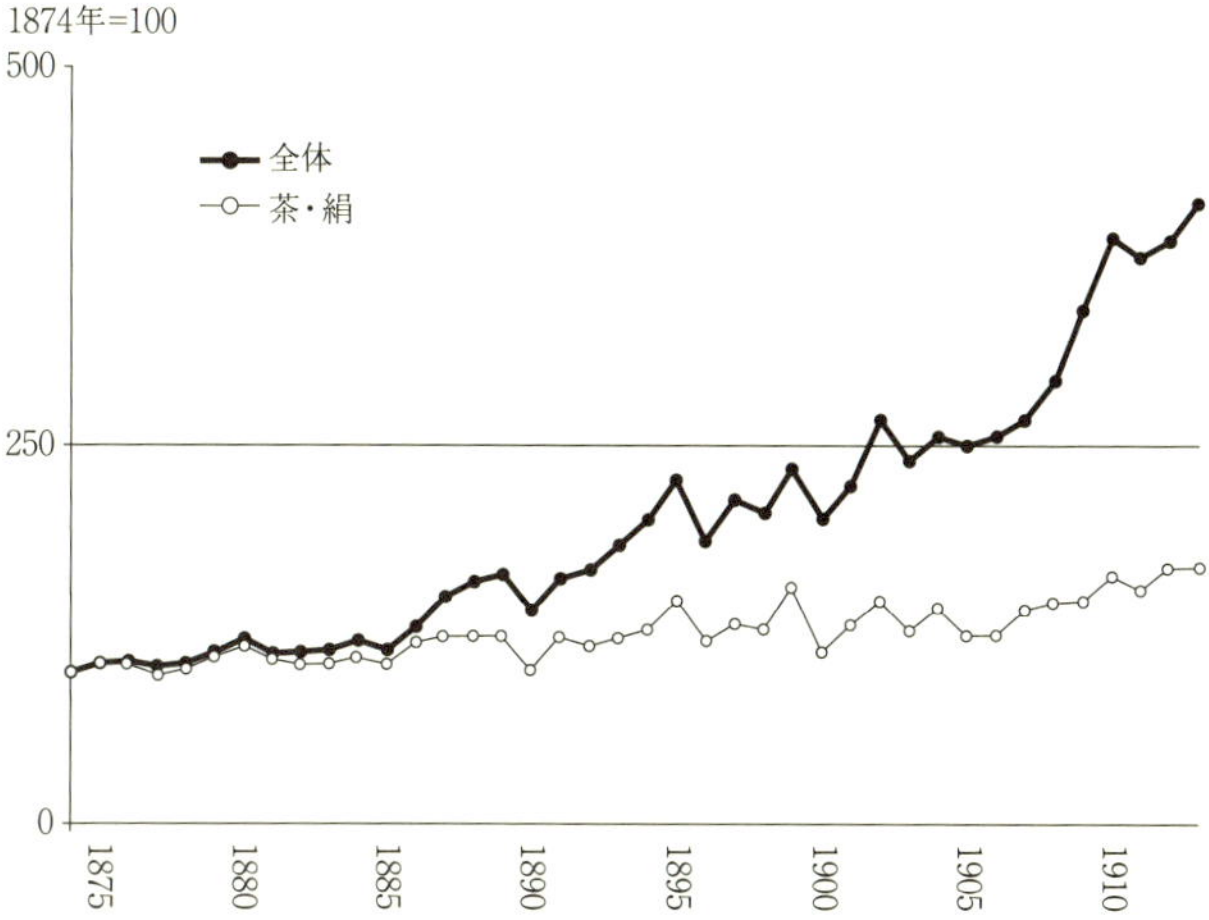

（出典）木越『近代中国と広域市場圏』61頁

生糸・茶の輸出はこの時期、むしろ頭打ちになっている。前者は久しい間、蚕病で沈滞していたヨーロッパの蚕業・製糸業が回復したこと、また日本のそれも勃興したことにより、市場が縮小した。また茶についても、インドの製茶業がさかんになって、それまでの中国茶のシェアが奪われていったからである。いずれも、外国との競争に抗しきれず、往年の独占を回復することはなかった。

その一方で、ほかの多様な産品の輸出が伸びはじめる。たとえば、さきに紹介した大豆のほか、羊毛・皮革・綿花・鶏卵など、北方を主産地とする物産だった。これで輸出がおよそ四倍に拡大する。

その最大の要因としては、一八七〇年代半ばよりはじまった、欧米の金本位制採用があげられよう。銀が国際市場にだぶつき、その対金比価は長期的に下落していった。銀が「地域間決済通貨」であり、もちろん貿易の決済でも使っていた中国では、これが輸出品の減価、現代日本でいえば円安ドル高のような効果をもたらし、欧米への輸出にいっそう有利な環境になったわけである。

もっとも、いかに有利な条件があっても、商品に対する需要がなければ、輸出の拡大は実現しない。この時期、中国の一次産品価格がゆるやかに上昇していることも、統計数値で確認できるから、外国の需要が継続的に高まっていたのがわかる。

従来の輸出品の大宗は、茶にせよ生糸にせよ、高度な製造技術を要する奢侈品である。むしろ中国の先進性を示す物産だといってよい。それに対し、この時期に輸出が伸びた産物は、むしろ工業の原材料をなすものである。イギリスに続いて産業革命を果たしつつあった欧米諸国が、求めるようになった結果にほかならない。

†地方の分業から分立へ

こうした動向はまた、空間的な変容をも意味していた。アヘン戦争以前の広州《カントン》、以後に

図表 19　銀価の下落（対金・対銭）

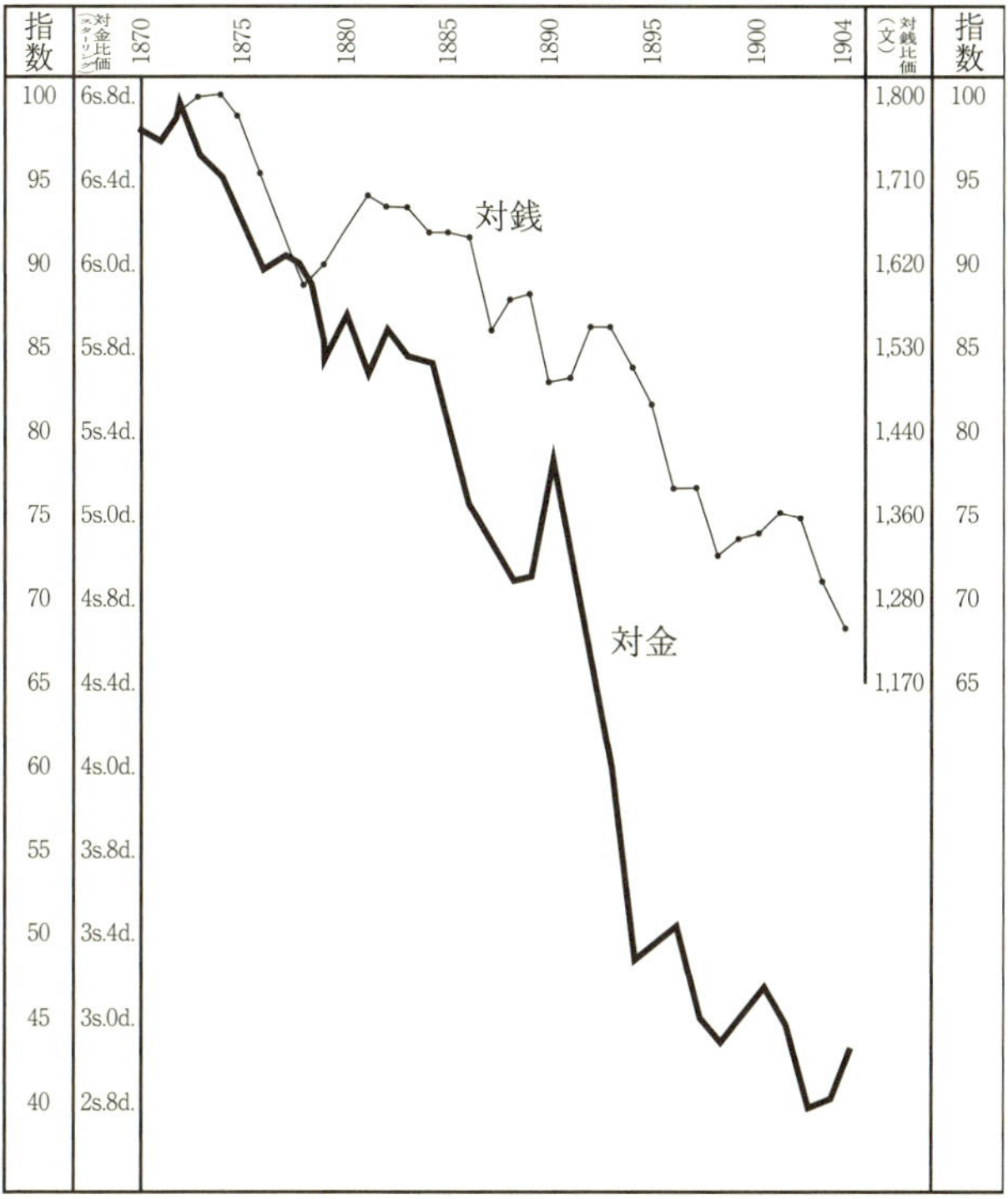

（出典）Morse, *International Relations*, p. 408.

図表20　地方間分業図3（1913年）

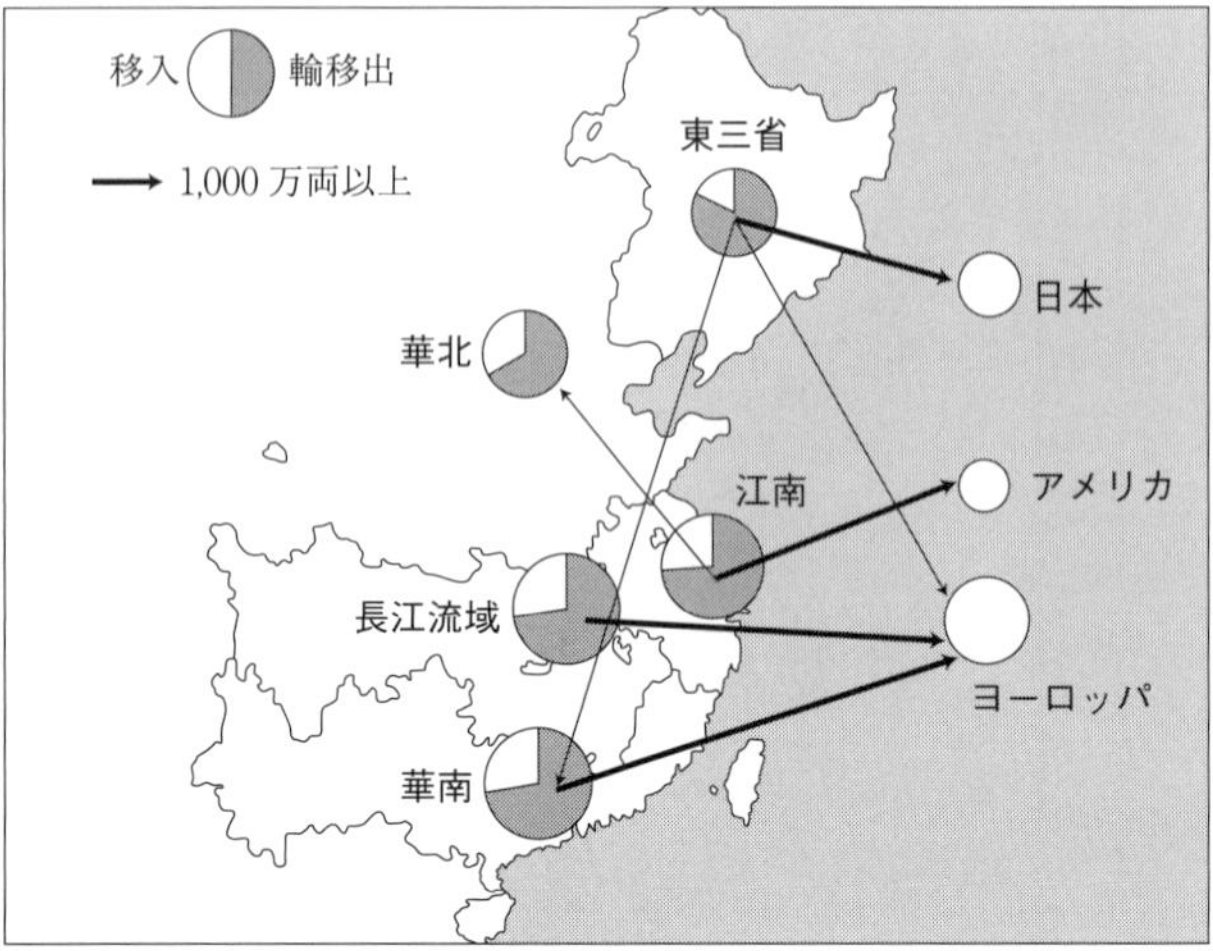

（出典）木越『近代中国と広域市場圏』100頁

はそれを置き換えた上海・福州を中心港とする貿易パターンが変わったからである。旧来のパターンは茶・生糸をあつかう買辦商人・外国商社の系列が形づくっていた。この時期はそれに加えて、別系統の内外商人が輸出貿易に参入してきたのであって、それまで外国からほとんど顧慮されてこなかった開港場が、それぞれ海外市場と結びつくようになったのである。

伝統経済のユニットをなす「地域」は、外部からもたらされる需要に反応する、外向きの体質である。それまで農村の余剰産物は、主要な仕向地が経済的な先進地・中心地の江南デルタ、もしくは上海・福州など一、二の主要開港場に集約していた。そこに大きな需要が集中して存在したからである。明清時代以来の地方間分業によって、需給が中国内でまとまっている姿を保ってきたともいえよう。

ところがそうした情況は、八〇年代に変化した。各「地域」からみた外部需要は、中国内の経済先進地や貿易中心港からではなく、外国と直結したそれぞれの開港場から作用し、生産物の供給も、各開港場に分散することになったためである。

そして各々の開港場が周辺の「地域」と強い結びつきを有するようになって、その需給関係の及ぶ範囲が、あたかも独立した経済圏であるかのような様相を呈しはじめた。こうしたありさまを「開港場市場圏」と概念化する研究もある。それまでの地方間分業から、いわば地方分立への転換である。これはやがて、開港場をかかえた各省の当局が独自の政策を打ち出す基盤を提供することになる。

†インド綿糸の流入

同じ時期、輸入でも大きな変化がおこる。旧来の貿易構造では、伸び悩みをみせながらも、輸入品はなおインドからのアヘンが中心であった。インドはいうまでもなく、イギリスの植民地である。アヘンの中国輸出も、植民地経営の一環であった。しかしアジアで最初の工業化をなしとげたのは、その植民地のインドである。一九世紀後半以降、ボンベイで近代紡績業が発展し、産出する機械製綿糸は一八八〇年代以降、中国市場への輸出向けに特化し、中国に滔々と流入した。一八九六年にはアヘンを抜いて、中国の対インド輸入品の第一位を占めるようになる。

機械製のボンベイ糸は、インドの側からみると、中国アヘンの生産で売れなくなったインドアヘンの代替物ともいえる。綿糸の輸出を手がけたのは、もともと対中アヘン輸出を担っていたユダヤ系・パルシー系の有力商人だった。インド綿糸がたやすく中国市場に浸透したのも、かれらが従来の貿易網を利用できたことが一因である。そのなかには、中国に親族を送り代理店をかまえてアヘン貿易に従事すると同時に、ボンベイでも主要な紡績工場を経営したものもいた。

もっとも、インド綿糸が中国を席巻できた理由は、そればかりではない。中国市場をターゲットにしたボンベイ糸は、短繊維の綿花を原料に用いた丈夫な太糸で、中国農村の手織生産に適合した商品だった。つまり市場のニーズに合っていたのである。かてて加えて、価格競争でも有利だった。低賃金労働を利用した機械製で、製品が安価だったのみではない。すでに言及した銀価下落が、ここでも作用している。

　インドは当時、中国と同じ銀貨圏だったから、貿易決済だけなら、当時おこっていた銀価下落という外国為替レート変動の影響は少ない。しかし中国の農村は、「地域」内の「現地通貨」である銅銭を使用するので、銀建て価格のインド綿糸購入は、金銀比価ではなく、銀銭比価が左右する。だぶついた銀の価格は、銅銭に対しても著しく下落していたから、インド綿糸も割安になり、中国内の手紡生産に比べても、圧倒的な競争力を有した。

　このインド綿糸の流入は中国側からみても、多大な影響を与えた。「ミッチェル報告書」にいうように、中国の綿紡織は、そもそも農村の副業としてあった。原料の綿花を手近に入手して、手紡した綿糸にそのまま手織をほどこし、自分もふくめ「地域」内で消費し、その余剰を外に移出する、というプロセスが、伝統経済のパターンである。ところが、貿易と機械製綿糸が、いわばその自己完結的なプロセスの中にわりこんできて、従来のパターンを解体した。綿布の生産は変わらない一方で、綿花と綿糸の供給方法が変わったわけである。

　これが以後、インド・中国のみならず、日本をもまきこんだ、アジアの産業構造変動のはじまりとなった。そこに金銀比価・銀銭比価など、為替の条件が作用していたことはみのがせない。為替レートが変動したなら、綿糸の供給形態も変わりかねないわけで、それは二〇世紀に入って以後の工業化にも、重大な関わりをもってくる。明代から形づくられてきた「銀銭二貨制」が、来るべき中国の産業革命の前提になったことを忘れてはならない。

†変化の様相

以上の経過を中国の立場から強いて類別すれば、モノをアジアから買い、欧米に売っており、アジアに負った赤字を、欧米から稼いだ黒字により、相殺していたことになる。これだけなら、アヘン戦争前後の時期とかわらない。

また明清以来の伝統経済の基本も、同じくかわっていない。依然として各「地域」の集積から成り立っており、外部需要に敏感に反応していたからである。

変化したのは、その外部需要の質と量である。それにともなって、中国経済の全体的な編成にも、従来とは異同が生じた。

輸入品の大宗が銀・アヘン・綿花など貴金属・原材料から、機械製綿糸を中心とする二次産品に交代し、輸出は茶・生糸など、高度な製造技術を要する産品のみから、機械工業・化学工業の原材料をなす一次産品が加わったものへと転換した。そのうえで、貿易の全体額が増加したのである。工業化を基準とする経済発展という西洋的近代的な観点で以上をみなおすなら、中国は原料を輸入し製品を輸出する、いわば先進国型の貿易構造から、逆の後進国型のそれに転じたことになる。

また、それまでは地方間の分業で中国内があたかも一つにまとまる姿を呈していたのが、開港場がそれぞれ独自に海外市場に直結するかたわら、周辺の「地域」とも結びついて、その地方ごとに分立する態勢に転じた。これを国民経済の統合という見地からみると、やはり逆行する観がある。西洋化・近代化という尺度で同時期の欧米・日本の動向と較べると、中国の落伍が顕在化してきた、とみなすことも不可能ではない。

†保護関税の成否

こうした変動は、当時の為政者にも、それなりの危機感を与えていた。もとより上に述べたような、先進・後進の観念で判断できたわけではない。むしろ単純な貿易額の推移を見てのものである。

中国の貿易統計は外国人が管理した海関が作成し、一八七〇年代に本格的な刊行がはじまった。それが数値として示した当時の輸入超過が、当時の官僚たちに警鐘を鳴らしたのである。この統計数値は不完全で、必ずしも実態を反映してはいなかったけれども、これ以降の中国の経済論調は、つねに入超による富の流出を概歎するものとなった。

そこで提起されたのは、輸入品の流入を防ぐ西洋流の保護関税導入と国内での近代産業の振興である。いずれも中国在来の思想にはないもので、西洋事情に通じたスタッフが多い李鴻章の幕僚から出てきた構想と事業だった。しかし結論を先にいってしまえば、二〇世紀に入るまで、その試みは成功していない。

保護関税を実施するには、税率の引き上げが必要になる。それには、いわゆる不平等条約に規定のある片務的な協定関税を廃し、関税自主権を獲得しなくてはならず、条約の改訂が欠かせない。締結相手国の合意をとりつける必要があるけれども、それが困難であった。というのも、列強はその見返りに、一貫して釐金の減免を中国側に求めたからである。

欧米諸国は中国との貿易、とりわけ輸出が思うように伸びないのは、内地の釐金が事実上の関税障壁として機能し、流通を妨げているからだとみていた。その見方が客観的にみて、正しかったかどうかは、さしあたって問題ではない。釐金減免なくしては、条約改訂・関税自主権を認めない、というのが重要だった。それが関税問題にかかわる以後の史実経過のモチーフになる。

中国側は督撫重権による治安維持の財源をなす釐金の減免に、おいそれと応じることができなかった。したがって関税自主権の獲得も、保護関税の導入も、遅々として進まない。それが新たな展開を見せるのは、さらに財政上の問題がリンクしてきてからのことになるため、後述に譲ろう。

†工業化の動き

いまひとつの産業振興は、日本史でいえば、「富国強兵」「殖産興業」にあたるもので、大陸の中国語の概念では「洋務運動」という。日本は成功、中国は失敗というのが、大方の評価であろう。成否じたいは、おそらくまちがいない。ただ注意しなくてはならないのは、日中それぞれ同質のものが、まったく同じ方向にむかった結果としての成功、失敗ではなかったという事実である。

軍備の近代化、軍需工業およびその関連事業の創設推進という行為では、日中共通する。異なるのは、そのすすめ方であり、目的であった。

日本では体制そのものの変革、近代国家創成の一環として、「富国強兵」「殖産興業」があった。日本全体にわたる武装と産業の転換、西洋化にほかならない。そのいきつく目標は、何より西洋諸国に伍してゆくことにある。

それに対し当時の中国では、いわゆる「洋務運動」は督撫重権の一環としてあった。督撫重権は旧来の体制を抜本的にあらためることではない。中国内の各地を確実に統治するため、李鴻章をはじめとする地方大官の裁量を拡大して、それぞれに必要な措置を講じさせることだった。この点がまず、日本と大いに異なる。

その第一の目的は、治安維持にあたる義勇軍の増強であったから、その装備の精強化・西洋化をめざす事業も、督撫重権の主導ですすめられた。たとえば一八六〇年代、最初にできた近代的な工場は、上海の江南製造総局や南京の金陵機器局などの兵器廠である。これは義勇軍を率い、なおかつその地を管轄していた李鴻章が、自軍に武器を供給するため発案、設置したものであって、その経営もかれが担っていた。極端にいえば、その工場は李鴻章以外、あずかり知らないものだったのである。

新しい産業の導入・振興も同じであった。いずれも李鴻章の幕僚、あるいはその関係者たちが、貿易の中心地・上海に設けたものである。かれらは清代の通例に漏れず、いわゆる紳商・紳董の有力商人であり、なおかつ外国商社の買辦にもなった者もおり、海外の事情や貿易の動向に明るかった。

そうした事業としてたとえば、上海機器織布局がある。一八七八年に設立された綿業関連の近代企業であり、当初は薄手の綿布を生産し、輸入綿布に対抗するのを目的としていた。ところが、一八八〇年代に入り、インド綿糸の輸入が急増すると、あらためてそれに対抗すべく、太糸の紡績にシフトして、ようやく一八九〇年代に操業を開始する。

†企業経営

こうした新企業はしかしながら、所期の成果をあげることができなかった。その主要な原因は、経営の問題にある。

上海機器織布局の開業遅延は、輸入綿布ではなく太糸に需要がある、という市場のニーズを摑むのにかなりの時間を要したことによっていた。担当した李鴻章の幕僚は、買辦・紳商であって、当時の中国で最も貿易事情に通じていたはずの人々である。にもかかわらず、貧しい農民が主体をなす伝統経済の基層の動向は、かれらにも正確に認識できなかった。

買辦・紳商の眼がそこにまで行き届かなかったのは、つきつめていえば、「士」と「庶」

の距離がはるかに遠い社会構成の発露とみることもできよう。そうした疎遠さは当然、商品需給の把握ばかりにとどまらない。

たとえば、機械工場ひとつ建てるにしても、莫大な資金がいる。恒常的に近代企業を経営しようとすれば、なおさらであって、それを集めるしくみが、当時の中国にはなかった。以下は一八七六年、当時の西洋社会を実見した官僚の記述である。

西洋人は建設事業をおこすたび、必ず商人から投資をあつめる。これを「公司《コンス》（カンパニー）」という。いかに多額の事業であっても、たやすく期日どおりできあがる。山の掘削、川の浚渫、機械の製造、港湾の建造など、これに頼らないものはない。……中国では大きな建設事業のたびに、公金を支出せねばならず、どうしても限りがでてくる。それなら、「公司」のようにやらせればよいかというと、それも無理強いはできない。詐欺の風潮が日増しにひどくなっているからである。商業を営むためにも、数人が資金をだしあっても、その資本はわずか千百貫にすぎないことがある。それでも、自分がみずから目を光らせていないと、共同出資者に資金を持ち去られることさえあるから、いわんや数千万の大金では、誰が信用して協力などしてくれようか。

西洋近代の株式会社と、「官」「民」乖離のため、それを組織できない中国の伝統経済とのちがいをつぶさに語ったものである。

†会社と合股

たとえば汽船業の輪船招商局は、対抗した欧米系の株式会社にならい、株式を発行して資金を調達しようとした。しかし後者は、租界で治外法権に依拠し、本国の会社法にもとづいて設立されたのに対し、招商局のほうには会社法のような、財産の保護や会計の監査を義務づける法律や制度がない。株式会社の運営に必要な企業投資に対する保証が欠如していたのであり、これでは十分な投資は得られなかった。引用文のように、出資しても詐取されるリスクが高かったからである。

民間からの積極的な資金拠出が望めないので、まず政府・当局が官金で出資して、工場・企業の創設・経営を主導しなければならない。これを「官辦《かんべん》」「官督商辦《かんとくしょうべん》」と称する。「官辦」は投資・実務・監督いっさいを政府当局がおこなう方式であり、軍需工場に多い。それに対し、招商局・上海機器織布局など民需企業の経営は「官督商辦」、経常的な当局の役割を「監督」にかぎって、経営実務は民間商人に任せるものだった。

こうした商人経営で、多数を占めた企業形態を「合股《ごうこ》」という。これは出資者が利権を一定額ずつ等分に持ち合って、一年ないし三年の年限で事業を営む方法で、法人格をもたない、いわば組合組織であった。出資者はほとんど地縁・血縁のある者、あるいは知友で、資金拠出・債務履行で連帯無限責任をもち、おおむね実地の経営には携わらずに外部から招聘した企業家に担当させた。かれらの得る利権には、一般的な利益配当にくわえて、出資金の貸付利息がある。これは企業利潤の有無を問わずに支払うべきものであって、経営の安定に大きな障碍となりうるものだった。しかしそれなくしては、資金の拠出を期待できなかったのである。

以上のような合股は、企業投資に対する法的・制度的な保障のない伝統経済において、なるべく円滑に多額の資金を集める方法だった。しかしこれを近代的な大企業の立場・観点から見れば、人的信用の範囲内でしか資金を調達できず、しかも企業活動の年限を切りつつ、利潤のほとんどを出資者への配当・利息に還元していては、経営の前提をなす大資本や継続性という条件が満たせない。当局肝煎りの企業は、「官督商辦」の方法によって大きな規模を維持できたものの、さもなくば、零細な企業規模にしかなりえなかったし、いずれにしても、経営は楽なものではなかった。

†産業化の挫折

たとえば、一八七〇年代に外資系の企業が先導し、生産をはじめた器械製生糸は、粗悪品が多く価格の暴落した在来の手繰り生糸に代わって、中国の代表的な輸出産品の地位をしめた。しかし外資系以外は、概して自己資本の乏しい零細な工場で、資本の大部分を外部に仰いでいる。とりわけ原材料の繭は、価格の変動が大きく、零細な製糸業者にはその調達が大きな負担であった。生産した生糸を担保として、金融機関から融資を受ける、という自転車操業を余儀なくされる工場も少なくなかったのである。

すべては大口の金銭貸借を不可能ならしめる、「官」「民」の乖離・政府権力の民間経済への不干渉という伝統経済の特質に規定された情況だった。したがって、近代企業を成功させるには、政府が経済活動に対する不干渉を改め、信用構築とリスク回避のために関連する法律や制度を設計整備し、かつ安定的に運用して、散在する遊休資金を企業投資に向かわせる必要がある。

政府官僚ばかりではない。企業の経営者にも、このような法律や制度を前提とした経営を遂行する能力が必要不可欠である。しかしそうした人材の養成と登用は、困難をきわめた。最大の要因は、科挙制度の存在にある。実務に通じた人材を養成する、という観念そのものがそなわっていなかったし、ましてや、西洋の事物に関する教育など、望むべくもなかった。

そこで李鴻章たちは、科挙とは別系統の教育機関を設けたり、留学制度をはじめたりしたものの、見るべき成果はあがらない。まずそれに応じる子弟・人士が、決して多くなかったし、たとえ応じて、専門技能を習得したとしても、相応の処遇を受けることはなかった。洋行帰りが優遇された日本の明治維新とは、その点で大きな径庭がある。それは企業経営、経済の分野に限らず、軍隊、とりわけ新たに建設をすすめていた海軍でも、やはり同じであった。いずれもつきつめていえば、伝統経済がもとづくところの「官」「民」乖離の一面、その所産だったのである。

†貿易と財政

このように経済界を揺さぶりはじめた貿易の増加は、政府財政にも影響を与えている。流通が増えれば、それに課した税収が増すから、あたりまえといえば、あたりまえであろう。しかしそれで、話を終わらせるわけにはいかない。伝統経済の財政制度がわれわれにとって、すこぶるわかりにくいものである以上、増収の意味は、あらためて問うておく必要がある。

外国貿易の増加は、まず関税収入の急増をもたらした。この場合の関税とは、もっぱら海関の税収を指して言っている。さきに言及したとおり、西洋貿易を所轄する海関には、外国の船舶・商社に有効な管理と徴税を及ぼすため、外国人官吏を入れて西洋的な関税業務をおこなうこととした。

それはすなわち、船舶の入港・貨物の出入の数量、およびそれに対する課税・徴収を正確に把握算定することを意味し、華人商人に貿易取引と関税納入をまかせた、それまでの請負とは異なる制度となった。その収入が急増したのも、請負につきものの税収の着服・流用がなくなったためである。貿易統計が作成、発刊されたのも、この制度にもとづいており、旧来のままではありえない事態だった。

ここで内地関と海関の制度が分かれたので、前者を「常関」、後者を「洋関」とも称する。それぞれ旧来通常の「関」、西洋人のつかさどる「関」の意味であり、後者の「洋関」が現代中国の海関・関税の直接の起源をなす。

こうした事態と並行して、旧来の税収は減少、あるいは比重が低下する傾向にあった。たとえば一九世紀最末期の統計数字では、歳入総額一億両のうち、土地税の収入は二千六百万両なのに対し、海関の税収が二千二百万両で、両者匹敵している。六一頁図表6の一八世紀の数値とくらべると、総額はおよそ倍に増えていながら、それまで税収の大宗だった土地税は、かなり減少した。これは明代の「官田」以来、土地税の重かった江南デルタで、地主の要望にこたえて減税の改革がなされたことも、あずかって力がある。まもなく海関税は、土地税を凌駕して歳入総額の三分の一をしめるに至り、その比重はいよいよ上がっていった。

†財政再編の胎動

このように財政規模全体が拡大したのは、内乱の鎮圧とそれに続く治安維持、外患に備えた海軍建設などによる軍事費の増加が主な原因である。軍隊を指揮、維持するのは「督撫重権」の役割で、その主要な財源的裏づけは、先の統計には含まない釐金の収入だった。それに加えて、増加した関税収入も、その支出増をまかなう一翼をになったわけである。

総じて、この時期の政権運営が、貿易とそれに関わる流通に基礎を置くようになったあらわれとみればよい。もっとも釐金と関税とでは、そのありかたと機能が異なっている。

釐金は現地で便宜的な出納ができる、地方官の裁量のきく税収だった。逆にいえば、局外からは収支のプロセスが見えにくい税目であって、したがって各種の統計には、その実額がほとんどあらわれてこない。その意味で、旧来の財政に準じた特徴をそなえている。

それに対し、外国人が管轄した関税は、徴収のプロセスを透明化し、実収額も容易にわかる税目だったので、外からみても計算可能な、信頼できる財源になった。これはかつて存在したことのなかったものである。

そのため開港場では、清朝現地官庁の必要に応じ、この関税収入を担保として外国商社・外国銀行から資金を借り入れることが可能になった。そもそも伝統経済の財政で、政府が民間に借金をすることはありえなかった。社会に対し、収奪者・債権者としてしかふるまえなかったのだから、実に未曾有の事態、コペルニクス的転換である。

しかも外国人は、借款の担保に用いた関税を中央政府の税収・財源とみなした。けだし当時の欧米人の常識を投影したみかたであって、実際には、清朝は一九世紀の末になっても、「コモン・パース」の欠如した、中央・地方の区別のない財政体系であることにかわりがなかったから、誤解というほかない。

しかしこの誤解が、以後の中国に中央政府財政を創出し、外国銀行ひいては外国列強が、そこに介入する足がかりを提供し、財政制度そのものも変容してゆくこととなった。それがまた、ひろく経済全般に影響を与える体制変革につながるのである。

3 進展——日中戦争まで

†観念の転換

経済史にとどまらず、中国史全体からみても、大きな転機をなす事件は、一八九四年の日清戦争である。西洋列強と政治的な関係をとりむすんで以来、ともに武装の近代化をめざした日清の激突は、日本の勝利におわった。局面はそこから、急激な展開をみせる。

下関条約・三国干渉・利権獲得競争・戊戌変法・義和団事変。わずか五年の間に、中国をとりまく外患・外圧がにわかに強まり、中国内でも対外的な危機感がとみに高まり、変革・反動がこもごも顕在化した。そして二〇世紀に入ると「救亡」、亡国を救う、というのが、最大公約数的な政治目標となる。

それなら、どうすれば、亡国を救えるのか。旧来の体制が危機的な現状を招いたのだから、それを変革すればよい、というのが同時代人の答えだった。西洋列強・近代日本と伍してゆくため、その体制を採用する、という方向に政治思潮がまとまってきた。

象徴的かつ典型的なのは、一九〇五年の科挙廃止である。この措置じたい、科挙が旧来の体制を支えていた制度で、「救亡」・西洋化にふさわしくない、という考え方によっていた。しかも廃止後、エリートの選抜方法は、経書の暗記から欧米・日本への留学に置き換わったから、これを通じて思想・観念の一変した政治家・官僚・知識人が一般的になる。

そこで登場し、普遍的になる概念が、「立憲」「革命」にほかならない。経済観念もそのなかに含まれる。それまで消極的な対症療法の色彩が濃かった経済政策も一転、積極的な構造改革を志向するようになった。

いいかえるなら、近代国家の樹立と国民経済の形成である。そうした志向が、現実の経済構造といかなる関係にあって、どのような作用を及ぼしてゆくのか。これが現代にまでおよぶ、二〇世紀の中国史に一貫したモチーフとなる。

銀価が下落をつづけ、貿易が拡大し、その主要品目も変わった。沿海沿江へ経済的重心が移動し、政府財政もそれに応じる態勢になる。その一方で、通貨上の「銀銭二貨制」や、外部需要が流通・生産を活性化させる市場構造の大枠は不変であり、中間団体が支配的な社会構成の骨格も変わっていない。

政権の統治も同様である。督撫重権に転じ、地方の裁量は増大したし、財政をみても、対外貿易・内地流通に大きく依存する方向に傾いた。けれども日清戦争が終わるまで、中央・地方の基本的な役割分担は、以前からさしたる変動がなかったとみるほうが正しい。

以上、一九世紀の経済的な推移を確認したうえで、二〇世紀に足を踏み入れてゆこう。

†借款・賠償金と中央財政

日清戦争の敗戦が中国にあたえた影響は、右にみたような観念上のことばかりではない。金銭的・財政的なそれが、実体経済にはむしろ重要である。

清朝が戦争で多大な軍費をつかい、しかも歳入の倍以上にのぼる莫大な賠償金を課せられた事実は、周知のとおりである。もっとも、その多額の費用をどうまかなかったのかは、あまり知られていないのではないだろうか。

その答えを一言でいえば、列強からの借款である。戦中・戦後あわせて、英仏独露からくりかえし借款を受けており、日本に対する戦費と償金は、西洋諸国の資金で支払われたものにほかならない。しかも、戦前の借款とは文字どおり桁のちがう、莫大な額だった。

もちろん列強が無条件で、借款を供与するわけはない。担保が必要であり、それを提供したのが、関税である。そして列強の担保観・関税観も変わっていない。依然それが中央政府の税収・財源だと「誤解」していた。

また西洋諸国は一八九五年以降、中国の経済的、政治的利権の獲得に狂奔した。一九〇〇年の義和団事変までつづく、いわゆる「利権獲得競争」である。鉄道や鉱山の利権を手中にした列強は、やはり中央政府から「獲得」したと信じていた。

清朝在来の財政体系では、国庫がなく、中央と地方の区別もなかった。中央としての役割とは、各地に散在する財庫の資金を動かす指示を出すことであり、それはこのときまで、原則として変わっていない。

ところが日清戦争以降、列強の利権にかかわる経済的・財政的な交渉、もしくは責任を果たすために、中央政府あるいは中央財政というものが、にわかに実体をもってこざるをえなくなる。西洋の側が近代国家・国際関係という自らの固定観念によって、中央政府しか相手にしなかったからである。

たとえば、かつてない厖大な額の借款・賠償金をかかえた清朝北京政府は、中央政府としてその弁済に責任をもたねばならない。そのために資金を確保すべく、それまで地方当局の裁量に任せていた税収をとりあげて、財源とすることが多かった。地方財庫の資金移動を指示する、という従来の権限と機能で可能だからである。しかもそこには、圧倒的武力をもつ列強の外圧という強制力をもともなっていた。

かくてこれまでの権限と新たな外圧を利用しつつ、借款返済という内容の中央財政が形成されはじめた。しかしこれは地方にとっては、現地の事情・要望をかえりみずに、財源が剝奪されることにほかならず、当然おもしろかろうはずはない。

日清戦争までの督撫重権では、北京中央と地方各省の対立は目につかなかった。まったく対立がなかったわけではない。しかしそれは、構造的なものではなかったし、深刻化もしなかった。地方は立案・実務、中央は決裁・監督と、各々はっきり役割を分担していたからである。

ところが日清戦争以後、中央政府も借款を獲得し返済するという実務を果たし、多額の財政支出を実体化させると、そのための財源がなくてはならない。それを地方当局と争奪しては、対立は当然、構造的になり深刻化してしまう。

中央財政と中央政府の出現。これが一九世紀・李鴻章時代の督撫重権では見られなかった、日清戦後・二〇世紀の新たな局面である。そうした財政・政府は明清時代つうじて未曾有だっただけに、その内実がなかなか定まらない。小さくは税目で、国税と地方税の区分が喧しくなるのも、大きくは政局で、中央と地方の対立が常態化するのも、すべてこのためなのである。

†督撫重権から各省分立へ

こうして中央と対立を深めた地方じたいも、大きな変化をきたしつつあった。日清戦争の後に危機感がつのったことでは、地方当局も選ぶところはない。かれらは軍隊を養い、行政の実務をとらねばならない立場だったから、改革を導入する動機では、中央政府に勝るとも劣らなかった。

図表21　張之洞

（出典）S. F. Wright, *Hart and the Chinese Customs*, Belfast, 1950, p. 712.

　その典型例として、李鴻章より一世代下、そのライバルでもあった張之洞《ちょうしどう》という人物の事績をみてみよう。張之洞は一八九〇年代以降、辛亥革命の直前に没するまで、ほとんどの期間を湖北・湖南両省の総督に任じた。長江が中流で漢水と合流する地にある中国有数の市鎮にして開港場でもあった漢口が、その経済的中心地である。

張之洞はその湖北・湖南で殖産興業をすすめた人物であり、一九世紀の後半に同じ事業を先んじて手がけた李鴻章と並び称される。もっともその方法は、時期的な差異を反映して、必ずしも同じではない。張之洞の場合、貨幣改鋳と紙幣発行を積極的におこない、そこで生じる利益を鉄道の敷設や製鉄所の建設といった殖産興業の財源にあてる、という点できわだっていた。

そもそも「地域」内の日常的な経済生活で使う「現地通貨」の銅銭は、素材価値が額面価値を上回るものである。つまり一文の銭をつくるのに、一文以上のコストがかかった。張之洞はその銅銭に代えて、銅元を発行した。これはドル銀貨の銀元にならいながら、より低品位の銅で鋳造して、素材価値を大きく上回る額面価格をもたせ、その差益を得ようとしたものである。湖北省当局はさらにその銅元を本位通貨として、紙幣を発行し所轄地域で流通させることに成功した。

それが可能だったのは、湖北・湖南の経済情勢にある。その開港場たる漢口では、一八八〇年代以降、ロシア向けの湖南茶、ついでドイツ向けの胡麻油の輸出が急伸していた。そこで漢口は、輸出品を生産する湖北・湖南両省の後背地との結びつきをにわかに強めつつ、多くの外貨を獲得する。張之洞が独自の銅元・紙幣を発行できたのも、漢口の保有した外貨を裏づけにすると同時に、その漢口が各地と需給・流通・金融関係をはりめぐらせていたからである。いいかえれば、漢口と経済関係をとりむすんだ諸「地域」が、湖北発行の銅元・紙幣の通用範囲にほかならない。その埒外では、使えない通貨だった。

これでは、もはや督撫重権、地方大官の裁量拡大と称してすませるわけにはいかない。通貨の発行という、在地経済に深く関わる政策を立案、また実施しうる政府権力と呼ぶべきものに転化しているからである。そしてその基盤をなしたのが、海外市場と直結する開港場を中核とした、「開港場市場圏」ともよばれる一種の経済圏だった。

張之洞の事績は、いわば先駆であった。地方の経済が権力と不可分の関係をとりはじめたとき、各省の経済的な一体化・自立化、そして政治的な分立傾向が強まってゆく。それが一九一二年の清朝滅亡の前後を貫く趨勢だった。

†「満洲国」の成立へ

いまひとつ、別の典型をあげるとすれば、東三省すなわち満洲である。

一八世紀の移住民増大で、森林地帯だった東三省の開発がすすみ、大豆の生産が普及したことは、前章で述べたとおりである。その消費市場は一九世紀の後半までは、江南デルタだった。清代の地方間分業の一角をになっていたわけである。

ところが一九世紀末から二〇世紀の初めにかけて、この大豆はむしろ国際市場に振り向けられ、需要がにわかに急増する。それに応じて、東三省に対する移民と開発は、いよいよ拡大すると同時に、森林も減少の一途をたどってゆく。

東三省の大豆を購入したのは、日本とヨーロッパである。日本は主に大豆粕を肥料として輸入したのに対し、ヨーロッパ、なかんずく油脂化学工業を発展させたドイツは、大豆を輸入し、搾油して食用、もしくは化学工業の原料とするとともに、大豆粕を家畜の飼料とし、その糞を肥料とした。鉄道の敷設・経営を中心としたロシア・日本の進出も、それに拍車をかけている。大豆を輸出すべく港に運んだのは、鉄道だったからである。それで得た外貨が、あらためて鉄道を支え、移民をひきつけ、開拓をうながし、さらに大豆の生産を増やした。それればかりか、撫順の炭鉱や鞍山の製鋼所といった鉱工業を発展せしめる原資ともなった。こうした経済循環のなかから、在地政権の台頭と列強勢力の拡大が生じてくる。いうまでもなく、張作霖と関東軍・満鉄である。

新開地の東三省では、貴金属そのものが欠乏していたので、金融には紙幣を用いることが多かった。「現地通貨」としての紙幣発行は、すでに述べたような商人の自由参入によるものだったから、当初は多いところだと、県レベルで百種類もの紙幣があったといわれる。このおびただしい紙幣は、張作霖政権が発行した「奉天票」という小額紙幣に置き換えられて、一九二〇年代までにかなり整理された。これはあたかも、湖北・湖南で張之洞が発行した銅元・紙幣になぞらえて考えることができる。

そしてこの「現地通貨」たる紙幣を外界とつないだものが、東三省に進出した日本の朝鮮銀行・横浜正金銀行が発行する銀行券であり、いわば「地域間決済通貨」にあたる。これが日本円や英ポンドにリンクして、対外的な決済をおこなう、という構造になっていた。東三省における地方軍閥と列強勢力の経済的な存在理由は、ここにある。その軍閥・張作霖政権の役割をも接収して、一元的な地方政権、さらには独立国家と化そうとしたのが、いわゆる「満洲国」だった。

†軍閥の割拠

湖北・湖南や東三省は極端な典型ながら、こうした情勢は大なり小なり、当時の中国各省に共通するところであった。二〇世紀前半の中国のありよう、辛亥革命の各省独立、民国の軍閥抗争が、そこに由来していた事態なのは、もはやいうまでもあるまい。

その基底に存在したのは、やはり外部からの需要に敏感な「地域」経済の体質にあって、これは明清時代から存続してきたものである。一九世紀の末から二〇世紀の初めは、外国の工業による中国農産物の需要が圧倒的で、その外部需要に反応して、「地域」はそれぞれに開港場を介して海外市場に産物を売った。もちろん外国にかぎらない。中国内の需要増大に応じ、新たにアヘン・塩を増産して、富力を増した四川の例もある。

その経済関係を独自の通貨発行で財源に転化して、軍事力を保有し、治安を維持し、産業を振興するのが、地方軍閥の役割だった。したがって開港場から海外の需要力の及ぶ、およそ一省ないし数省の規模でまとまった範囲が、軍閥の勢力圏に重なり合う。

この軍閥政権のもとに、地元の中間団体が結集して力を伸ばした。もともと担当してきた警察・学校・衛生などを、西洋流の公共事業にしたてて拡充したことも少なくない。近代的な響きをもつ「商会」「商務局」という名に衣替えして活動する中間団体もあった。そのリーダーたる紳士と在地軍事勢力の提携は、督撫重権の時代よりも深化したわけであって、当時の軍閥勢力を「軍紳政権」と表現した研究があるのもうべなえる。

いずれにしても、中国全体でみれば、地方割拠にはちがいない。統一的な近代国家・国民経済とは逆の事態である。このありさまを慨歎しない中国知識人は、今はもちろん、当時もいなかった。かれらが念願したのは、当時の欧米列強のような強力な中央政府であり、中央集権的な統一国家であり、統合的な国民経済である。

にもかかわらず、歎く知識人エリートの実際の行動は、あくまで郷紳・紳董として経済的につながりの深い在地勢力を支持することにほかならない。むしろ地方割拠をうながすベクトルだった。やはり言行不一致なのである。

†中央の挫折

それは革命派たるか否かを問わない。政治勢力の行動はほとんど例外なく、中央集権に背くものであり、むしろ革命を標榜する勢力ほど、その傾向が強かった。一九一一年の辛亥革命もそうであるし、その五年後の第三革命もそうである。

清朝最末期から民国初めにかけての北京政府は、普及した近代国家・国民経済の希求にのっとって、軍事力と財政の中央集権をすすめようとした。これは日清戦争後の「変法」、それに対する反動、義和団事変後の「新政」、そして辛亥革命後の袁世凱と、主体とその思想にちがいこそあれ、いずれの政権にも一貫する潮流である。そこで地方の軍隊・財源を握る勢力との衝突がくりかえし生じた。一九一三年の善後大借款は、その最たるものだろう。

善後大借款は中国の財政危機を救い、改革をすすめるという名目で、英仏独露日の列強五カ国から二千五百万ポンドを借り入れた借款である。これで巨額の収入を得た袁世凱の北京政府は、軍事力を増強して、反抗する地方勢力を圧倒、その軍隊をやぶり、財源をうばった。しかも担保に指定した塩の専売益金は、海関税にならって外国人の管理と収支の改革を導入したことで、中央政府に入ってくる税収になった。袁世凱は大いに中央集権の実をあげたわけである。

しかし末期の清朝にしても、民国の袁世凱にしても、革命派など反対勢力にとってみれば、その中央政府は外国と結び、地方を圧迫し犠牲にしてでしか成立しえない存在、いわば「洋人の朝廷」「地方なき中央」にほかならない。またそれは、中央財政の本質が借款とその返済で成り立っていた以上、たんなる観念的な誹謗にとどまらぬ現実でもあった。地方は反帝国主義という正義をかかげて、中央政府の集権政策に反撥し、第三革命をおこして一九一六年、ついに袁世凱政権を葬ったのである。しかしそのあとに残ったのは、泥沼の軍閥抗争だった。

袁世凱の事業は挫折した。地方軍閥がその在地経済と緊密にむすびついた政府権力を構成し、中央政府はむしろ浮き上がった存在で、列強に頼るしかなかった以上、挫折は必然的な結末だったのかもしれない。しかしすべてが徒労で、元の木阿弥になったわけでもなかった。袁世凱じしんは頓死して味わえなかったけれども、その果実は確かにあったのである。

†袁世凱の遺産

めまぐるしく転変する政局のなかにあっても、西洋・日本をモデルにした近代国家・国民経済へ向けた制度の創設や整備は、それなりにすすんでいた。問題なのは、その制度が中国経済の実体構造にどこまで即したものだったかという点にある。

なかんずく典型例として注目すべきは、政府銀行・中央銀行の開設である。当時それに相当したのは、一九〇五年にはじまる中国銀行だが、設立当初は実質の乏しい中央政府の財務に対応する業務しかなかったから、中央銀行といっても、ほとんど名ばかりにすぎない。公金の為替送金がその主要な機能であって、それは在来の山西票号や、開港場で関税を出納した海関銀号に代替しただけである。中央銀行として発券もおこなったけれども、業務内容がそうだった以上、中国銀行券とは極論すれば、借款に関係する公金の為替送金票にほかならない。

かたや中国全土をみわたせば、地方勢力は張之洞の先例にならい、在地経済に立脚してそれぞれに通貨を発行し、流通させている。とくに銅元の濫発が目立ったけれども、ほかにも各種の銀元・紙幣が入り乱れて、一国一通貨という西洋流の国民経済の常識に慣れた局外者からみれば、「貨幣制度の紊乱《びんらん》」あるいは「雑種幣制」としか見えないようなありさまを呈していた。

当時の中国経済に関するかぎり、それが合理的な動きだったことは、ここまで述べてきたとおりである。しかし官民を問わない近代国家・国民経済への希求は当然、統一した幣制の追求をもたらし、それはまた当然、「雑種幣制」の否定をも意味した。

北京中央政府は一九一〇年、「幣制則例」を公布して、品位を一定にきめた銀元を鋳造した。すでに沿海地方を中心にひろく流通していたドル銀貨を、中央政府で標準化、「国幣 national currency」にしようとした。この試みはしかしながら、翌年の辛亥革命で中絶を余儀なくされる。その「国幣」が大量に発行されるのは、ようやく一九一四年、袁世凱が善後大借款を得て、政権基盤を固めてのちのことであった。その銀元は袁世凱の肖像をレリーフにしてあるところから、袁世凱銀元と称せられる。以後の中国銀行券は、この袁世凱銀元を兌換通貨として発行された。

この袁世凱銀元・中国銀行券がじつに、「雑種幣制」の各種通貨を駆逐しつつ、長江流域を中心に省の範囲をこえて普及するようになった。地方勢力が離反し、一九一六年に袁世凱が没してからも、広汎に通用したのである。袁世凱がめざし、挫折した地方割拠の克服は、その肖像を遺した銀貨がまず果たした。

その端緒としては、善後大借款を得た中央政府が、地方政権の軍事力・財源を奪い、各省のみに通用する貨幣発行の裏づけを切り崩したことがあげられる。しかしそれなら、袁世凱の死後には、地方政権は息を吹き返し、軍事力も財源もとりもどしたはずで、さもなくば、軍閥抗争の情勢にはなるまい。にもかかわらず、袁世凱銀元と中国銀行券の流通は衰えず、全国的な通貨の地位を確乎たるものとする。そこには、袁世凱じしんが手がけた政治財政の範疇をこえる要因が作用していた。

†第一次大戦と財政金融

それは国際的・国内的な経済環境の変化である。何といっても、一九一四年の第一次世界大戦勃発の影響が大きい。総力戦の戦火のなか、ヨーロッパ列強は金本位制を維持できなくなって、一九世紀末から対金比価で下落の続いてきた銀価は一転、急騰した。「銀銭二貨制」の中国では、銀高は対外的には金安、対内的には銭安へ転換したことを意味する。

それがいかなる結果をもたらしたか。まず前者、対外的な金安の面から。直接に影響が及んだのは、中央政府の財政である。中央財政の内実をなす借款・賠償金の返済は、銀を金建てに換えておこなわれていた。このとき銀価が高騰したことにより、それまでと同じ額の支払いで多くの返済が可能になるわけで、余剰額も生じてくる。この余剰はあらかじめ決まった使途がなかったから、中央政府が自由にできる財源と化した。借款・賠償金は担保とする関税と塩税の収入から返済していたので、中央政府の新たな財源も、関税・塩税だということになる。

ときの袁世凱政権は、この財源で内債を起こした。それまでに内債がなかったわけではない。中央政府は一再ならず起債を試みたけれども、ことごとく失敗に終わっている。それはひとえに、民間経済と乖離する政府財政の信用欠如に原因があって、「伝統経済」の特質というべきものだった。

ところがそれに先んじた借款、つまり外債は成功している。それは担保とした関税・塩税が、外国人の管理下にあって、信頼のおける税収だったからである。したがって、その余剰金を用いて、袁世凱政権が起こした内債も、やはり信用をえて成功した。

端的にいえば、銀価高騰で外債の一部が内債に転化し、その内債で中央政府を運営できるようになったわけである。袁世凱政権はいわば中央財政の対内化を創始したのであり、これは一九三〇年代、南京国民政府にいたるまで受け継がれる趨勢だった。

しかもこの内債の引き受け手は、政府銀行を中心とする銀行だったから、中央財政のみならず、そこから金融にも影響が及んだ。中国銀行業の発達は、政府発行の内債を引き受け、取引したことによる。その最たるものは、先にふれた中国銀行であり、この内債を発券準備として銀行券の発行量を増し、通用範囲を拡げていった。中国銀行券の普及は、内債を中心とする中央財政と不可分の関係をとりむすぶことが前提となっていたのである。

もっともいかに発行しても、市場が受け入れなくては、紙幣はたんなる紙切れにすぎない。では、中国銀行券の広汎な通用を可能にした条件は、何だったのか。それが銀価高騰のいまひとつの作用、国内的な銭安である。

一九世紀末の銀価下落が及ぼした中国経済に対する最大の影響は、インド綿糸の流入で、これが革命的な変化だったことは、すでに述べたとおり。しかし日清戦争をはさんで、インドが金為替本位制に移行し、日本で近代紡績業が確立すると、金建て価格のインド綿糸は中国市場で割高になり、日本の機械製綿糸がこれに取って代わった。インドにせよ日本にせよ、外国綿糸が中国に流入する要件はかわらない。その安価をもたらす銀安銭高にある。

ところが第一次大戦で銀価が高騰し、中国市場では銭安が著しくなった。これを中国内でみれば、輸入綿糸の価格が上がる一方、農村で得られる原料綿花が安価だということ、つまり外国から綿糸を輸入するより、中国内で綿花を調達して機械製綿糸を作ったほうが、はるかに有利だということを意味する。そこに輸入代替の契機が生じ、中国の工業化がに

図表22　銀銭比価（沙市）

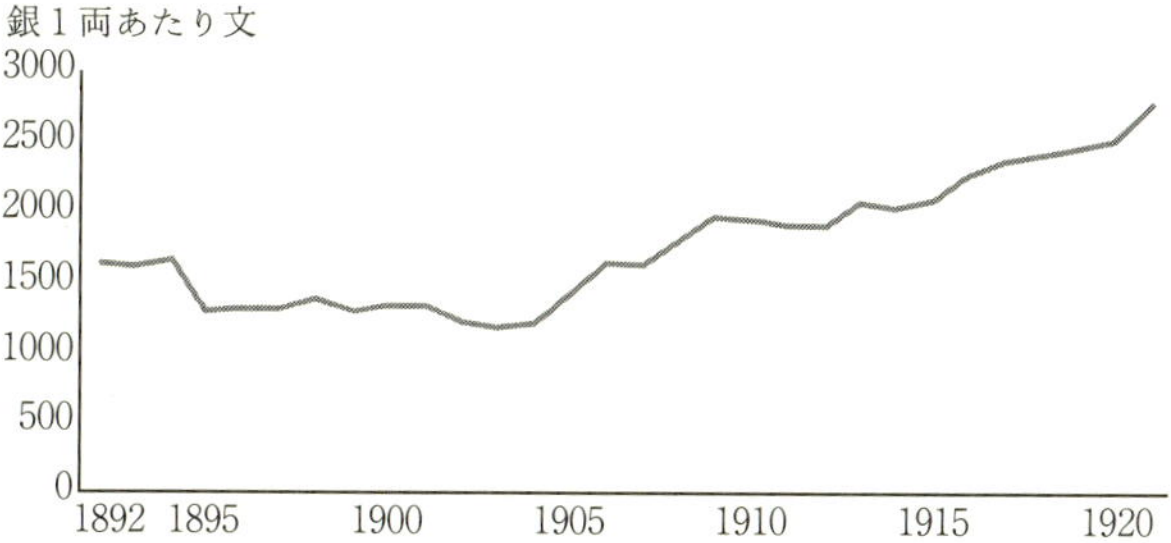

（出典）濱下『中国近代経済史研究』217頁

図表23　機械製綿糸の供給

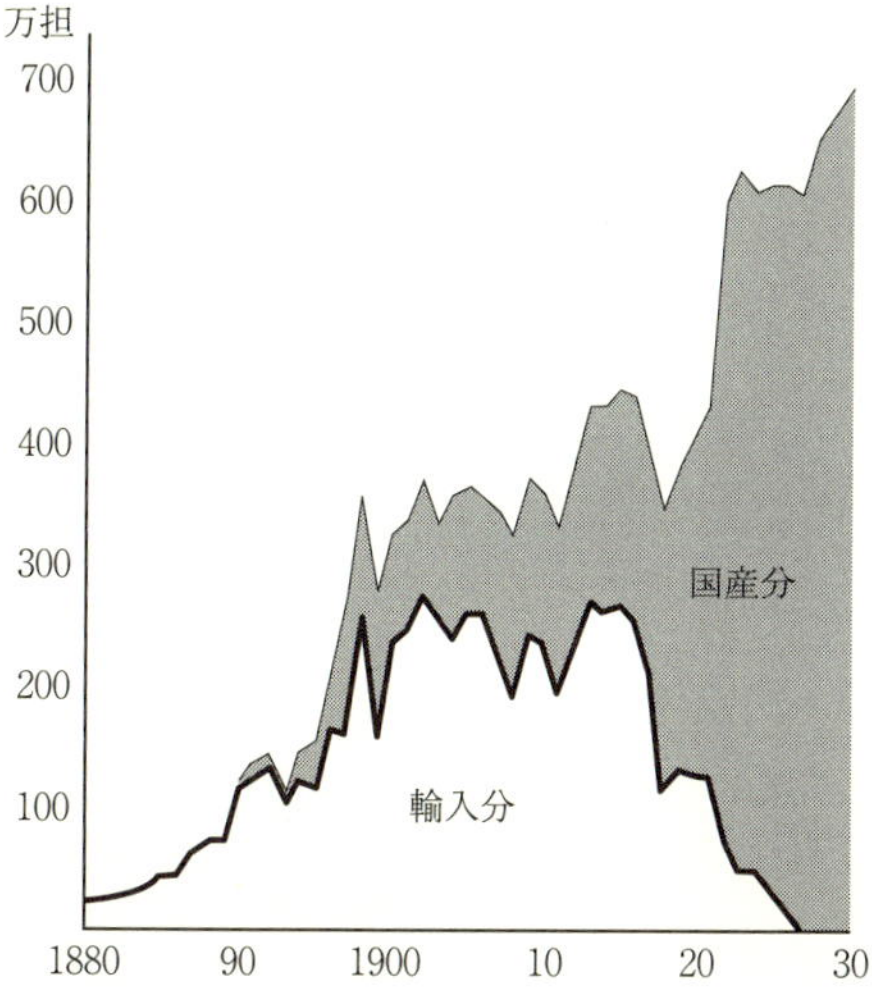

（出典）森『中国近代綿業史の研究』11頁

わかに拡大して、一九二〇年代の半ばには、国産綿糸が輸入綿糸をほぼ駆逐した。いわば産業の対内化である。

租界を中心とした上海は、外国勢力の存在で治安もよく、電力・水道など産業インフラの整備もすすんでいたし、中国最大の貿易港で金融も発達し、資金・担保を供給する近代銀行業・不動産業も多かったため、工場が立地するには最適の場所だった。この貿易と金融の中心地は、兼ねて工業化を牽引する役割をも果たす。

紡績業ばかりではない。大戦で小麦粉の輸入が途絶し、外国市場向けの輸出が急増したことから、機械製粉業が発展した。そのほか、マッチ・石鹼・セメントなどの業種でも、いわゆる民族資本があいついで参入したことで、それまで輸入に頼っていた工業製品は、国産に代替されてゆく。上海を中心としたこのような工業化は、「民族資本の黄金時期」といわれるほどの好況を呈した。

この活況と歩調を合わせて、上海を中心に流通をひろげたのが、中国銀行券とその裏づけをなす袁世凱銀元なのである。もちろん偶然ではない。輸入代替の工業化とそれに関わる動向が、中国銀行券を受け取らせる市場環境をととのえた、とみるべきである。

図表24　地方間分業図4（1936年）

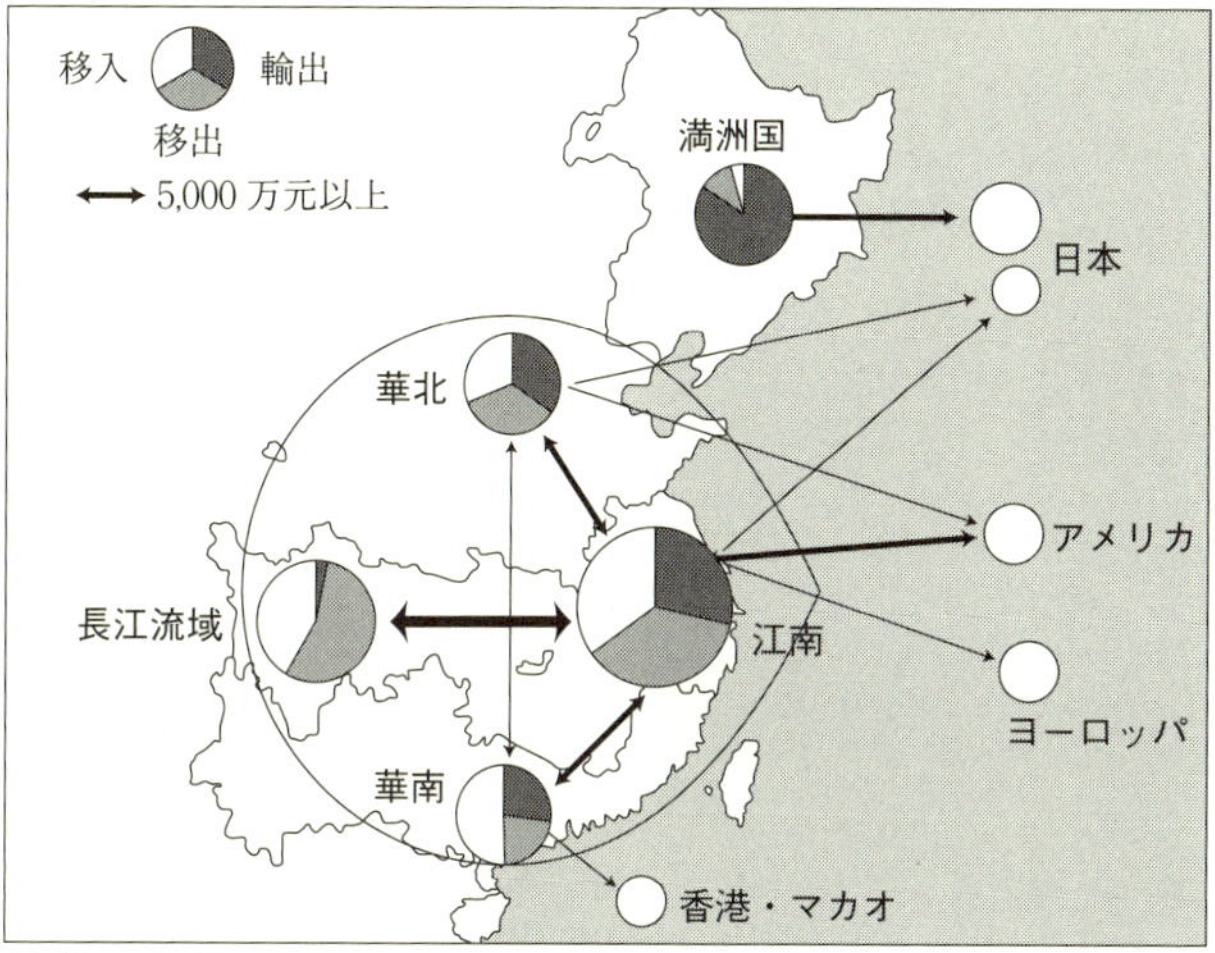

（出典）木越『近代中国と広域市場圏』165頁

†対内凝集

中央政府の内債発行にせよ、産業上の工業化にせよ、いずれも外から内へ転化した動きにほかならない。そうしたベクトルは数ある開港場でも、同様にみられる。

それまで開港場はそれぞれ海外と直結し、周辺の後背地から農産物をすいあげて、海外の工場に搬出する一方、外国の製品を受け入れ、各地に分配していた。この「開港場市場圏」の分立が、軍閥政権の経済基盤になり、「雑種幣制」の基礎になっていたことは、すでに述べたとおりである。「地域」

が生み出す農産物は、中国内より海外工業国のほうが売れる、という外部需要の性格が、その前提として作用していた。

それは一八八〇年代から続いてきた局面だったけれども、この時期にようやく、転換したのである。「地域」の産物は、海外の工業地帯から新たにできた中国内の工場へ、仕向地が振り替えられた。上海を中心に勃興した工業地帯が強い需要を発して、それまで海外と直結し、分立していた「開港場市場圏」と結びつくことになったわけである。工業化した江南デルタは、とりわけ農産物を生産する長江流域との関係が緊密化して、「黄金時期」を支える構造的中核をなした。あたかも明清時代の地方間分業が再現したかのような様相であって、そうした分業の及ぶ範囲に通用したのが、袁世凱銀元と中国銀行券なのである。

中央政府・中国銀行が発行する銀元と紙幣は、外国銀行が蝟集する上海に究極のよりどころがある。中央財政は外国銀行があつかう借款・賠償金で成り立ち、その信用で貨幣を鋳造、内債を運営し、その両者が中国銀行券の準備となっていたし、また上海の土地権利書も、内債と同じくその発券準備に利用できたから、中国銀行券とは上海の紙幣にほかならない。したがって上海と経済関係をとりむすぶ範囲が、とりもなおさずその通用範囲であって、なればこそ中国銀行券は「黄金時期」に広汎な流通を達成しえた。

こうしてみると、「黄金時期」とは外への拡散から内への凝集に向かう転機を意味する。各省・各開港場がそれぞれ海外へ開いていた窓口は、多く中央政府と上海に向くようになった。中国内は地方の分立から転じて、地方間の分業と統合を形づくったわけであり、「雑種幣制」を否定する契機と趨勢がこうして生まれてくる。

†国民政府の登場

もっとも「黄金時期」は、長く続かなかった。列強は第一次大戦終結から一九二〇年代にかけ、あいついで金本位制に復帰する。いったん高騰した銀の国際価格は、ふたたび下落し、中国に流入するようになった。為替レートも金高銀安・銀安銭高に回帰する。

好況を謳歌した国内市場向けの製造業には、まったくの逆境になった。銭高は農村の原材料が高価、銀安は開港場の工業製品が安価なことを意味し、要するに、コスト割れのリスクが高まったからである。輸入代替の工業化をとげたばかりの製造業に、海外への輸出競争力はないし、だからといって、いまさら無条件に、一八八〇年代の農産物輸出に頼る経済構造にもどることが可能なはずもない。工業化した中国経済は逆境のなか、その生き残りをかけた模索をはじめる。

図表25　社会構成3（軍閥、国民政府）

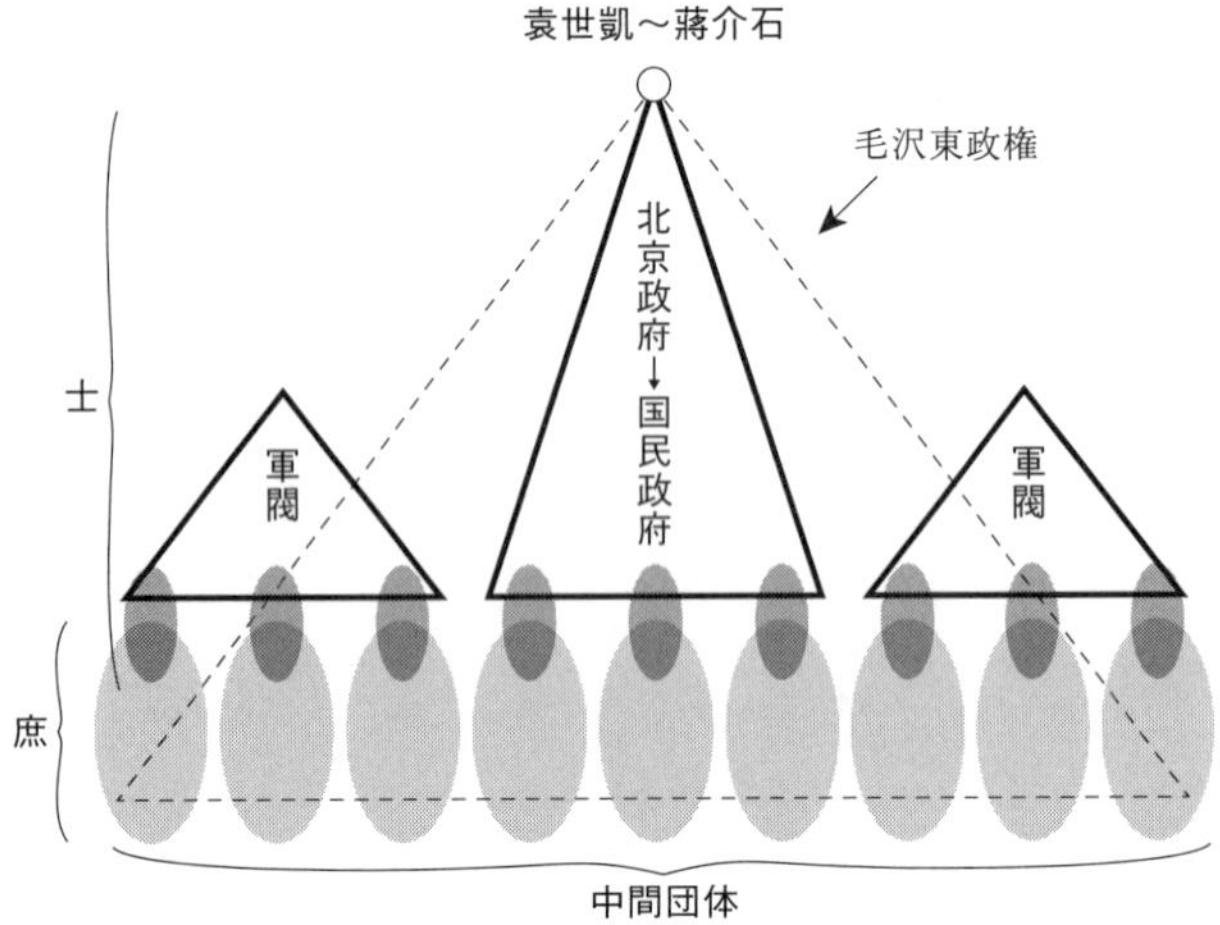

民間一般の工業では、何よりも回帰してきた外国製品との競争が激しさを増した。かたや中央政府の財政では、銀価の下落で借款・賠償金の返済負担がふえ、余剰金は目減りして収入が落ち、内債の運営も苦しくなってきた。それは銀行券の信用にも関わる。

こうした情況で高まってくるのが、西洋列強との条約締結以来、協定関税で五％にすえおかれたままの関税率ひきあげ要求だった。すなわち税率を上げることで、関税障壁をつくり、外国からの輸入を防遏《ぼうあつ》して、国内工業を保護すると同時に、関税収入を増やし、中央財政を豊かにして、内債・銀行券の信用を安定させようというねらいである。ここに中国の関税自主権回復が、にわかに国際問題として浮上してきた。

それには、外国列強とわたりあえる強力な中央政府権力が必要である。抗争をくりかえすばかりの軍閥勢力は、もはや頼りにならない。そうした輿望《よぼう》を担って登場したのが、蔣介石の南京国民政府なのである。

国民政府も元来は、広東周辺の一勢力で、他の軍閥と選ぶところはなかった。そんな地方勢力はしかしながら、何よりも革命を標榜し、強化した武力によって、割拠する軍閥の軍事力を破砕しつつ、列強にも圧力をかけたことで、新たな政権の資格を獲得する。長江流域を支配するや、上海経済界と提携し中央財政を握って、その役割に忠実に動いた。

列強から譲歩を引き出しつつ妥協して、関税自主権を回復したのは、大きな成果である。これで関税収入を増やし、新規の内債を起こして、財政金融の拡大を可能にするとともに、保護関税をも実行した。こうして上海の商工業を積極的に保護し、それを中心とする地方間分業の紐帯をいっそう強化するのが、国民政府の経済政策である。というよりも、国民政府になってはじめて、こうした経済政策らしい経済政策を実施できたともいえよう。

クライマックスは、一九三五年の幣制改革である。世界大恐慌が起きて後、一九三一年にイギリスが金本位制を離脱したのを皮切りに、多くの国が景気拡大のため、自国通貨を切り下げると、国際的な銀相場はふたたび高騰に転じた。決定的だったのは三四年、アメリカが銀買上法を実施したことである。その影響で銀が流出、払底した中国内は、強いデフレ圧力を受けた。上海も深刻な金融恐慌に陥る。この苦境を脱するには、国際的な銀価変動で国内金融が左右されない制度を構築せねばならない。そこで中央政府が銀を国有化し、一元的に管理する紙幣「法幣」を発行、地方銀行に買い取らせてその流通をはかる一方、兌換準備の監督を厳にして、英ポンド・米ドルとの間で定めた相場を安定させた。

不換紙幣にして管理通貨を発行、運営し、それを成功させたのは、中国史上はじめてのことである。国民政府はこうして、恐慌でおちこんだ景気をいったんは立て直すことができた。しかし国民経済の建設というその目標は、ついに達成できなかった。一九三七年、日本との全面戦争状態に入ってしまう。

エピローグ――中国革命とは何だったのか

†限界

一九一〇年代の「黄金時期」で内への凝集がはじまった中国経済は、二〇年代から三〇年代にかけ、世界経済の変動に遭って難しい局面を迎える。これを経済政策で支えて、逆戻りさせないことが、南京国民政府の経済的な存在理由《レゾン・デートル》であった。関税自主権回復も幣制改革も、それを体現したものである。

その国民政府の政策官僚たち、それを背後から支えた西洋人の顧問たちは、主観的には国民経済の統一をめざし、着実に成果を収めていると信じていたであろう。しかしながら、当時の中国経済の客観的な情勢と構造がどうであったかは、自ずから別の問題である。

西洋流の経済制度に典型的なのは、株式会社の存在であり、中国の伝統経済ではそれが組織できなかった。そこで国民政府は一九三一年、「公司法（会社法）」を施行し、会社組織の普及をはかっている。近代教育をうけ、専門知識を身につけた経営者や技術者も増え、大規模な固定資本を要する紡織や化学工業で、株式会社は着実にひろまった。

しかしその動きは、あまりにも微弱である。一九四九年の中華人民共和国成立時、全国の企業はおよそ百三十万社、うち会社組織を採用した企業は約一万にすぎず、九九％が法人格を有しない個人企業か、合股制の企業だった。このおびただしい零細な企業が、たえず競争浮沈をくりひろげるとともに、大企業の経営をもおびやかし、革新的な動きを阻んでいた。村松祐次のいう「安定なき停滞」は、ここからくる必然的な結果であり、伝統経済が牢乎と存続していたことのあかしでもある。

工業化をはたした紡績業でも、考えてみよう。一九二〇年代の半ば、「黄金時期」が終わって銀安に転じ、原料高・製品安にみまわれたとき、中国紡績業のとった対応は二つ、原料コストを下げる方向と、製品の附加価値を上げるそれとに分かれた。前者は中国資本のいわゆる民族紡の方向性である。内陸の綿花産地に近いところに工場を設けて、従来と同じ太糸をつくった。後者は都市富裕層をターゲットにした薄手綿布用の細糸を新たに生産したもので、この市場は日系資本の在華紡が開拓した。細糸の原料となる長繊維の綿花は、中国では産地が限られ、また輸入にも頼るので、在華紡は上海など交通至便の沿海都市部に立地する。こうして内陸と沿海では、異なる市場が生じてきた。

こうした様相はもちろん、紡績業だけの話ではない。工業化が進んだ上海やそこと経済関係を有する沿海と、関係の希薄な内陸との格差・分断が顕在化してきたのも、この時期の特徴である。もっとも、こうした経済格差は、一七〇～一七一頁にもふれたように、大航海時代から始まっていることなので、その再現・深化というべきなのかもしれない。ともあれ国民政府は、上海が発する旺盛な需要に反応する沿海地方に立脚した政権であった。そうでない地方には、手の及ばない権力集団だったのである。

†崩潰

だとすれば、国民政府という政権の本質は、やはりそれまでと大きなちがいはない。「黄金時期」以降の対内化の趨勢に応じ、棹さしたのが、従来と異なる点である。大きな成果をあげた中国史上初の経済政策が、それを雄弁に物語っていよう。しかし目を凝らして見ると、それも自ら立脚した地方に及ぶ国内外の需要をコントロールしようとしたにすぎず、伝統経済の枠組それ自体に手をふれるものではなかった。国民経済化にみまがう関税政策も通貨統一も、しかりである。

たとえば、法幣である。いかに管理通貨であっても、その通用が国民政府に対する国民の信頼によっていたわけではない。その価値はポンド・ドルという外貨との兌換性で支えられていた。伝統経済で国際的に通用する銀を民間が使ったのと同じ動機である。法幣の信頼性を保つには、その兌換性を保持しなければならず、供給量に制限をくわえると同時に、規律ある財政運営が欠かせない。それが破綻したとき、国民政府も崩潰の運命をまぬかれなかった。国共内戦期のハイパー・インフレで、それが現実化する。

上海を中核とする経済関係から孤立した地方には、別の政権が生まれる余地がある。国民政府時代に地方軍閥を一掃できなかったのも、日本との対立が解けなかったのも、さらにいえば、共産党との対立が収まらなかったのも、そこに原因がある。

経済構造の視点からみるなら、日中戦争は上海・長江流域に拠る国民政府と東三省に拠った日本との争覇であり、軍閥抗争の延長とみなすことも不可能ではない。軍事力に勝る日本は、華北にくわえて、上海はじめ江南デルタを中心とする国民政府の経済的な地盤を奪った。日本が中国を経済的に支配するには、それを再統合しなくてはならなかったはずである。しかしけっきょく、重慶にたてこもり長江上流域の地方政権として、頑強に抵抗した国民政府を打倒できなかったし、長江流域の農産地を経済的に統合することもかなわなかった。

同じことは、戦後内戦期の国民政府じしんにもいえる。日中戦争で分断された長江流域を中心とする地方間分業の有機的なつながりをいかに回復させるか。そこに戦勝した国民政府の課題があった。長江流域の経済圏統合という課題に、応えるべくして応えられなかったのが、致命的な失敗だったのである。

†共産党の登場

国民政府が本質的に旧態依然であることは、別の角度からもわかる。旧来の中間団体も手つかず、それとの提携はかえって強まった。その最たるものは、寧波幇を中心とする上海の経済界であり、それが「浙江財閥」という名で、国民政府の支柱をなしていたのは、あまりにも有名であろうし、「青幇」の杜月笙《とげつしょう》はじめ、秘密結社も厳存している。

中間団体の存続はけっきょく、社会構成がなお旧来のままだった事実を示している。すなわち「官・民」「士・庶」の乖離する二元的な重層構造である。これを枠づけていた科挙は、たしかに一九〇五年に廃止され、千年来、中国社会のありようを規定していた制度はすでに消滅していた。しかしそれで、社会構成に大きな変化をきたしたわけではない。科挙の廃止といっても、試験科目の経書を廃しただけで、特権エリート階層の選抜は留学制度が、知識体系とドグマは西洋の学問と民族主義が代替した。それぞれ中身は置き換わったものの、階層構成の原理や思想観念の枠組は、不変だったわけである。

中間団体が存続し、旧来の社会構成に変化がないことは、権力が基層社会にまで浸透していない、という事態を意味する。とりわけ農村の掌握は、困難であった。それは明清以来の政府権力の体質というべきもので、国民政府もやはり例外ではない。

国民党の創始者・孫文は革命家だから、もちろんこれに気づいていなかったわけではない。つとに「地権を平均す」「耕す者は其の田を有す」ととなえていたし、後継たる国民政府もその実現にむけた政策を打ち出している。決して土地問題解決の意思がなかったわけではない。小作料は王朝時代より、おおむね収穫高の半分という高率であり、土地の測量・地籍の整理・地価税の導入を通じて自作農を創出し、その小作料の引き下げをはかろうとした。しかし地主・紳士が牛耳る中間団体を温存した社会構成を改めることなしに、満足な成果をあげるのは不可能であり、これも言行不一致のまま、終わっている。

国共内戦の終わった一九四九年、中国は人口五億四千万人のうち農村人口が九〇％近くをしめ、GDPの遡及推計でも同じ時期の第一次産業比率は、五〇%を超えている。この農民・農業に立脚したのが、共産党・毛沢東だった。それは国民政府に対するアンチテーゼばかりではなく、明清以来の社会構成・政治経済構造に真っ向から挑むものであった点、真の革命だというべきだろう。

図表26　毛沢東

日中戦争中、農民と（写真提供）AFP＝時事

†革命の展望――「改革開放」へ

日中戦争以後の中国史は、軍閥抗争・地方割拠の最終段階、清末以来、拡散した軍事力の統合過程である。国共内戦を経てようやく、大陸における軍事力とそれを維持する政府権力は一元化され、勝ち抜いた共産党は、社会主義建設を推し進めていった。こちたき理論をいっさい払拭して、その歴史的な意義をみるなら、およそ二点に集約できようか。

ひとつは土地革命である。これは階級闘争を推進して地主を打倒し、土地の再分配を実施して貧富の格差を解消すると同時に、「地域」の秩序を再編し、基層社会への権力の浸透をはかるねらいがあった。つまり従来の中間団体と二元的な重層構造の否定にほかならない。実際に「士」「庶」という階層の区分・概念は消滅し、党・国家という政府権力がはじめて、在地社会に根をおろしたのである。

いまひとつは管理通貨の実現である。共産党政権は内戦期から続いた激しいインフレを急激な貨幣回収でおさえこみ、一九五〇年の朝鮮戦争勃発でふたたび物価が上昇しはじめると、物資・金融の両面で統制を強化して、新通貨「人民幣」の価値を安定させた。さらに同じ時期、旧来の外資企業はほぼ撤退するか接収されるかして、香港など特殊な窓口を除き、資本主義諸国・世界経済との関係もきわめて希薄となった。

以上は冷戦構造のなかで余儀なくされたことでもあり、共産党政権がことさら企図したものではなかったかもしれない。しかし通貨の統一は強力な経済統制が必要であり、それには為替レートの変動など、世界経済の影響から独自であることが不可欠だったから、結果的にめざましい効果を上げた。かつて国民政府が法幣発行で、外貨との兌換性維持を通じた信用確保を求められ、ついには挫折したことを想起すればよい。共産党政権は世界経済から切り離されることで、強力な金融管理体制と通貨統一を実現したのである。

以上の土地改革と通貨管理は、はからずも伝統経済の構造に正面から立ち向かった政策とその成果だといえる。前者は国内的・階層的垂直的に、格差・懸隔があまりに大きい二元構造の社会構成を否定し、後者は対外的・空間的水平的に、貿易・金融で強い景気波動を加える世界経済の影響から中国を独立せしめた。両者あいまって中国経済の一体性を高め、統合的な国民経済の枠組をつくりえたわけであり、これは二〇世紀はじめに国民経済の希求がはじまってから、いな、大航海時代に伝統経済が始動してから、史上初の達成である。その革命的な意義は、いくら強調しても、過ぎることはあるまい。

もっともそうした国内的・対外的な中国一体化が、中国人にとって幸福だったとはかぎらない。農村に対する統制の強化は、重工業の推進や戦時動員を支える目的で食糧の強制買付や余剰収奪をひきおこし、いっそうの農民の貧困化をもたらした。世界経済との断絶は、国際貿易から中国が得られたはずの先進技術の輸入、外国資本の導入などの利益を失わせた。あいまって経済の活力は衰えて、成長が困難になったのである。経済成長だけならまだしも、深刻な饑餓をもたらし、無数の死者を出したとあっては、毛沢東の統制政策に弁護の余地はあるまい。

†現代中国と近代中国史

「貧しきを患《うれ》えず」、「均しからざるを患う」という理想が有効なかぎりは、それでも通用した。文化大革命までの時代である。「貧しきを患え」たところから、「改革開放」がはじまった。その結果はやはり貧富の懸隔・沿海と内陸の乖離という、「均しからざるを患う」現状になっている。経済発展をとるのか、中国の一体化をとるのか。もはや二者択一できない、両立せねばならないところに、現代中国のジレンマがある。

歴史的に見来たれば、後者をとって、前者を犠牲にしたのが、明の太祖である。それを否定して、経済発展を是としたのが、以後の伝統経済だった。つい半世紀前、いったんはその伝統経済を打破したはずの中国共産党は、「改革開放」という名のもと、あらためて経済発展を追求している。三百年以上の伝統経済でみられた特徴が、さまざまに再現しても、決して不思議ではない。

もちろん、かつて一体化をはたし、いまグローバル化のただ中にいる中国の経済を、まったく伝統経済と同一視することはできまい。とはいえ、数百年にわたって、伝統経済が根づよく続いた近代中国史の過程は厳存する。それはいったい、現代中国とどんな関係にあるのか。

そんな問いを立てるとすれば、ふつつかながら歴史家の答えは決まっている。随処に言及してきた、現代中国にみられる歴史との共通性は、単なる表層的な類似現象では断じてない。構造的な連続とみるべきである。

もっとも、具体的に何がどのように連続しているのか、わからないことも多い。本格的な学問研究は、むしろこれからである。温故知新、あるいは過去と現在の対話を通じて未来を知るのは、まさしく歴史家の理想、傍観するわけにもいかない。経済成長の実現と「和諧社会」の形成をめざす中国を考えるためには、いっそう精細な中国経済の履歴書づくりが、ますます重要な課題になってゆくだろう。

あとがき

黄砂、PM2・5、鳥インフル、はたまた尖閣……、連日ニュースをにぎわせるのが中国。好ましい知らせはほとんどない。とかくやかましく、わずらわしく、眉を顰めさせる、というのが昨今の日本人の偽らざる感情であろう。

嫌なら避けて通る、というのが当世の若者気質、おかげさまで、筆者のなりわいにしている中国学などは、専攻学生が激減、開店休業状態になりつつある。

そういう態度で通用するなら、どんなに楽で幸せだろう。残念ながら、中国は指呼の間にあり、知らないうちに日本の運命を左右している。それに、こちらがいくら避けたくても、相手は許してくれない。「反日」・尖閣問題など、その好例である。

日本では、個々人がどう行動するかは、ひとまず本人の自由である。それでも昨今の情勢のなか、どんな地位・職種であろうと、中国のことを何も知らずに、自由にふるまってさしつかえない、と考えるのは、もはや日本人として軽率に失するのではないだろうか。

研究者たるもの、専門個別の精細な研究が何よりも重要ではある。けれどもその前に日本人であり、その一員として社会に寄与しなくてはならない。研究者という職業人の責務として、一般の健全な知識人に対し、中国理解に役立つものを提供すべきではないか。

小著が生まれた公的な背景には、そんな事情がある。幸いにも、日本の中国学は世界一の水準、歴史ももちろん例外ではない。日本人・日本語の専門研究の一端を紹介するだけで、中国事情をかなり深く知ってもらえる。小著の参考文献リストをご覧いただけば、その間の事情はすぐわかるだろう。

そうはいっても人間の社会、しょせん建前と本音がある。建前では立派な存在理由がありげな小著だが、本音のところの動機は、はなはだ卑近で不純、筆者が年来書いてみたかった、というにすぎない。

通史を書く、というのは、歴史家の本懐である。しかし生来の浅学菲才にくわえ、周囲の環境も作用して、そんなものを書ける条件はいっこう整わない。少しく試みたこともあっても、なかなかうまくいかない、というのが正直なところだった。

そんな折、お声をかけてくださったのが、ちくま新書編集部の永田士郎さん、中国の「行動原理」を「経済史的な観点から」「大きな全体像」に描き出してはどうか、とのおすすめである。これはまさしく、筆者がおぼろげながら、めざしていたはずの目標を言語化したご提案、思わず応諾してしまった。

それからがたいへん、それまでできなかったものが、依頼を受けたといって、いきなりできるようになるわけがない。最初の構想段階から右往左往、そのたび永田さんにご相談をもちかけて、ようやく脱稿にこぎつけた。論旨の展開・内容の構成・文章の批正、はたまた書名の発案にいたるまで、ご助力を仰がなかったものはない。

つねづね「もっと奔放にいきましょう」「後世に残る本にしましょう」とおっしゃるその熱意に背中を押され、思い切り書かせていただいたのは、物書きの冥利につきる、というほかない。満腔の謝意を捧げたいと思う。

ひととおり脱稿してからは、畏友の村上衛さん・加島潤さんに一読をお願いして、専門の見地より具体的な論点につき、周到な示教をいただいた。記して感謝を表したい。

あとは読者諸賢に中国を知ることの感興を共有してほしい、そうできる作品にしあがっていてほしい、と望むばかりである。もっともこればかりは、書き手が決めることではない。ひとりでも共鳴をおぼえてくだされば、望外の喜びである。

二〇一三年四月　晴れわたった賀茂の畔にて

岡本隆司

関連年表【BC221〜2008】

BC221	秦始皇帝、中国を統一
202	漢王朝成立
AD220	漢滅亡、「三国」時代
317	建康（いまの南京）で東晋成立、「六朝」時代
479	南斉成立
589	隋、中国を統一
610	大運河完成
618	唐王朝成立
713	玄宗即位、開元の治
755	安史の乱
907	唐滅亡、「五代十国」時代
960	北宋成立
1069	王安石の新法開始
1127	靖康の変、南宋成立
1206	チンギス・カン即位、モンゴル帝国成立
1260	クビライ・カーン即位、中統鈔（紙幣）発行
1279	南宋滅亡
1368	朱元璋即位、明朝成立
1369	ティムール朝成立
1375	大明宝鈔発行
1381	里甲制施行、賦役黄冊作成
1402	永楽帝即位
1433	租税の銀納開始
1449	土木の変
1550	庚戌の変
1581	一条鞭法を全国的に施行
1616	ヌルハチ即位
1644	明朝滅亡。清朝、北京に入る
1661	鄭成功、台湾を攻略
1683	鄭氏降服、海禁解除
1695	元禄小判通用
1735	乾隆帝即位
1772	南鐐二朱銬造
1784	イギリス減税法
1793	イギリス、マカートニー使節団を派遣。洪亮吉の人口論
1796	白蓮教徒の乱
1798	マルサス『人口論』
1839	アヘン戦争
1842	南京条約、上海の開港
1851	太平天国の乱
1852	ミッチェル報告書作成
1858	安政条約、日本の開港
1860	太平天国、蘇州占領
1862	李鴻章、上海に進駐

1864	太平天国滅亡	1929	世界大恐慌
1865	江南製造総局設立	1931	満洲事変。「公司法」制定
1868	明治維新	1932	「満洲国」成立
1872	輪船招商局設立	1934	アメリカ銀買上法
1878	上海機器織布局設立	1935	幣制改革、法幣発行
1889	張之洞、湖広総督就任	1937	日中戦争
1894	日清戦争	1946	国共内戦
1895	下関条約・三国干渉	1948	人民幣発行
1898	戊戌変法	1949	中華人民共和国成立
1900	義和団事変	1950	朝鮮戦争
1902	銅元発行	1965	文化大革命
1905	日露戦争終結、日本、満鉄の利権獲得。科挙廃止	1978	「改革開放」
1910	幣制則例	1979	外貨兌換券導入
1911	辛亥革命	1993	「社会主義市場経済」
1912	清帝退位、中華民国成立	1995	外貨兌換券廃止
1913	袁世凱、大総統に就任善後大借款	2008	リーマン・ショック
1914	袁世凱銀元発行。第一次大戦		
1916	第三革命、袁世凱死去		
1917	奉天票発行		
1919	張作霖、東三省全域を支配		
1927	国民革命、南京国民政府成立		

索引

あ行

か行

さ行

た行

な行

は行

ま行

や行

ら行

わ行

参考文献

小著を書くにあたって参照した著述を逐一あげだすと、文字どおり枚挙に暇がないし、原資料まで紹介しないといけなくなる。それが読者に不可欠なこととも思えない。ここでは、引用したものを中心として、トピックごとに最小限を列記するにとどめる。

まず小著の叙述全体がもとづいた拙著。

岡本隆司『近代中国と海関』名古屋大学出版会、1999 年

──『増補　中国「反日」の源流』ちくま学芸文庫、2019 年

──編『中国経済史』名古屋大学出版会、2013 年

考察の端緒として。それぞれ畑違いながら、手頃なサイズで考えさせてくれるもの。

村松祐次『中国経済の社会態制』東洋経済新報社、1949 年（復刊版 1975 年）

J・R・ヒックス著／新保博・渡辺文夫訳『経済史の理論』講談社学術文庫、1995 年

原洋之介『アジア型経済システム──グローバリズムに抗して』中公新書、2000 年

富坂聰『中国の地下経済』文春新書、2010 年

Robert C. Allen, *Global Economic History: A Very Short Introduction*, Oxford: Oxford University Press, 2011.

具体的な内容に入ろう。通時代的な環境・人口・産業・聚落をふくむ第Ⅰ章。

宮崎市定『大唐帝国──中国の中世』中公文庫、1988 年

──著／礪波護編『中国文明論集』岩波文庫、1995 年

──『東洋的近世』中公文庫、1999 年

Mark Elvin, *The Pattern of the Chinese Past*, Stanford: Stanford University Press, 1973.

妹尾達彦編『岩波講座世界歴史 9 中華の分裂と再生』岩波書店、1999年
星斌夫『大運河——中国の漕運』近藤出版社、1971年
斯波義信『中国都市史』東京大学出版会、2002年
黒田明伸『貨幣システムの世界史』岩波現代文庫、2020年

第Ⅱ章、官・民、士・庶からなる社会構成。

宮崎市定『科挙——中国の試験地獄』中公文庫、1984年
内藤湖南『支那論』『内藤湖南全集』第5巻、筑摩書房、1972年
市古宙三「郷紳と辛亥革命」同『近代中国の政治と社会』増補版、東京大学出版会、1977年
矢野仁一『近代支那史』弘文堂書房、1926年
——『現代支那概論——動く支那』目黒書店、1936年
——『現代支那概論——動かざる支那』目黒書店、1936年
滋賀秀三『清代中国の法と裁判』創文社、1984年
旗田巍『中国村落と共同体理論』岩波書店、1973年

第Ⅲ章の伝統経済。まず全体にわたるもの。

Hosea B. Morse, *The Trade and Administration of the Chinese Empire*, 1st ed., Shanghai, etc.: Kelly and Walsh, 1908.

そのうち、財政・貨幣。

檀上寛『明朝専制支配の史的構造』汲古書院、1995年
岩井茂樹『中国近世財政史の研究』京都大学学術出版会、2004年
黒田明伸『中華帝国の構造と世界経済』名古屋大学出版会、1994年

市場・物価・需給。

岸本美緒『清代中国の物価と経済変動』研文出版、1997年
——『東アジアの「近世」』山川出版社、1998年

さらに、移民・交易。

上田信「中国における生態システムと山区経済——秦嶺山脈

の事例から」宮嶋博史ほか編『アジアから考える　6　長期社会変動』東京大学出版会、1994年
斯波義信『華僑』岩波新書、1995年
安冨歩・深尾葉子編『「満洲」の成立――森林の消尽と近代空間の形成』名古屋大学出版会、2009年

19世紀以降の第Ⅳ章。やはりまず全体的なもの。

Hosea B. Morse, *The International Relations of the Chinese Empire, Vol. 2, The Period of Submission, 1861–1893*, Shanghai, etc.: Kelly and Walsh, 1918.

第Ⅲ章と接続する貿易・市場圏、そして政治面での軍閥にも関係するもの。

濱下武志『中国近代経済史研究――清末海関財政と開港場市場圏』汲古書院、1989年
本野英一『伝統中国商業秩序の崩壊――不平等条約体制と「英語を話す中国人」』名古屋大学出版会、2004年
岡本隆司『李鴻章――東アジアの近代』岩波新書、2011年
木越義則『近代中国と広域市場圏――海関統計によるマクロ的アプローチ』京都大学学術出版会、2012年
ジェローム・チェン著／北村稔・岩井茂樹・江田憲治訳『軍紳政権――軍閥支配下の中国』岩波書店、1984年

20世紀の工業化・幣制、さらに革命。

森時彦『中国近代綿業史の研究』京都大学学術出版会、2001年
野澤豊編『中国の幣制改革と国際関係』東京大学出版会、1981年
久保亨『戦間期中国〈自立への模索〉――関税通貨政策と経済発展』東京大学出版会、1999年
笹川裕史『中華人民共和国誕生の社会史』講談社選書メチエ、2011年
小島麗逸『現代中国の経済』岩波新書、1997年

ちくま新書
1019

近代中国史《きんだいちゅうごくし》

二〇一三年七月一〇日　第一刷発行
二〇二三年二月五日　第四刷発行

著　者　岡本隆司（おかもと・たかし）
発行者　喜入冬子
発行所　株式会社　筑摩書房
東京都台東区蔵前二-五-三　郵便番号一一一-八七五五
電話番号〇三-五六八七-二六〇一（代表）
装幀者　間村俊一
印刷・製本　株式会社　精興社

ISBN978-4-480-06724-1 C0222

ちくま新書

654 歴史学の名著30 山内昌之
世界と日本を知るには歴史書を読むのが良い。とはいえ古典・大著は敷居が高い。そんな現代人のために古今東西の名著から第一人者が精選した、魅惑のブックガイド。

544 八月十五日の神話 ――終戦記念日のメディア学 佐藤卓己
一九四五年八月十五日、それは本当に「終戦」だったのか。「玉音写真」、新聞の終戦報道、お盆のラジオ放送、歴史教科書の終戦記述から、「戦後」を問い直す問題作。

591 神国日本 佐藤弘夫
「神国思想」は、本当に「日本の優越」を説いたのだろうか？　天皇や仏教とのかかわりなどを通して、古代から近代に至る神国言説を読み解く。一千年の精神史。

601 法隆寺の謎を解く 武澤秀一
世界最古の木造建築物として有名な法隆寺は、創建・再建の動機を始め多くの謎に包まれている。その構造から古代史を読みとく、空間の出来事による「日本」発見。

618 百姓から見た戦国大名 黒田基樹
生存のために武器を持つ百姓。領内の安定に配慮する大名。乱世に生きた武将と庶民のパワーバランスとは――。戦国時代の権力構造と社会システムをとらえなおす。

698 仕事と日本人 武田晴人
なぜ残業するのか？　勤勉は人間の美徳なのか？　江戸時代から現代までの仕事のあり方を辿り、「近代的な」労働観を超える道を探る。「仕事」の日本史200年。

713 縄文の思考 小林達雄
土器や土偶のデザイン、環状列石などの記念物は、縄文人の豊かな精神世界を語って余りある。著者自身の半世紀近い実証研究にもとづく、縄文考古学の到達点。

ちくま新書

457 昭和史の決定的瞬間　坂野潤治

日中戦争は軍国主義の後ではなく、改革の途中で始まった。生活改善の要求は、なぜ反戦の意思と結びつかなかったのか。日本の運命を変えた二年間の真相を追う。

650 未完の明治維新　坂野潤治

明治維新は〈富国・強兵・立憲主義・議会論〉の四つの目標が交錯した「武士の革命」だった。それは、どう実現されたのだろうか。史料で読みとく明治維新の新たな実像。

948 日本近代史　坂野潤治

この国が革命に成功し、わずか数十年でめざましい近代化を実現しながら、やがて崩壊へと突き進まざるをえなかったのはなぜか。激動の八〇年を通観し、捉えなおす。

734 寺社勢力の中世——無縁・有縁・移民　伊藤正敏

最先端の技術、軍事力、経済力を持ちながら、同時に、国家の論理、有縁の絆を断ち切る中世の「無縁」所。第一次史料を駆使し、中世日本を生々しく再現する。

767 越境の古代史——倭と日本をめぐるアジアンネットワーク　田中史生

諸豪族による多元外交、生産物の国際的分業、流入する新技術……。内と外が交錯しあうアジアのネットワークを、倭国の時代から律令国家成立以後まで再現する。

791 日本の深層文化　森浩一

稲と並ぶ隠れた主要穀物の「粟」。田とは異なる豊かさを提供してくれる各地の「野」。大きな魚としてのクジラ。——史料と遺跡で日本文化の豊穣な世界を探る。

994 やりなおし高校世界史——考えるための入試問題8問　津野田興一

世界史は暗記科目なんかじゃない！　大学入試を手掛かりに、自分の頭で歴史を読み解けば、現在とのつながりが見えてくる。高校時代、世界史が苦手だった人、必読。

ちくま新書

888
世界史をつくった海賊
竹田いさみ
スパイス、コーヒー、茶、砂糖、奴隷……歴史の陰には、常に奴らがいた。開拓の英雄であり、略奪者で厄介者でもあった〝国家の暴力装置〟から、世界史を捉えなおす！

932
ヒトラーの側近たち
大澤武男
ナチスの屋台骨である側近たち。ゲーリング、ヘス、ゲッベルス、ヒムラー……。独裁者の支配妄想を実現、ときに強化した彼らは、なぜ、どこで間違ったのか。

935
ソ連史
松戸清裕
二〇世紀に巨大な存在感を持ったソ連。「冷戦の敗者」「全体主義国家」の印象で語られがちなこの国の内実を丁寧にたどり、歴史の中での冷静な位置づけを試みる。

983
昭和戦前期の政党政治
——二大政党制はなぜ挫折したのか
筒井清忠
政友会・民政党の二大政党制はなぜ自壊したのか。軍部台頭の真の原因を探りつつ、大衆政治・劇場型政治が誕生した戦前期に、現代二大政党制の混迷の原型を探る。

1002
理想だらけの戦時下日本
井上寿一
格差・右傾化・政治不信……戦時下の社会は現代に重なる。その時、日本人は何を考え、何を望んでいたのか？体制側と国民側、両面織り交ぜながら真実を描く。

1011
チャイニーズ・ドリーム
——大衆資本主義が世界を変える
丸川知雄
日本企業はなぜ中国企業に苦戦するのか。その秘密は、カネも技術もなくても起業に挑戦する普通の庶民のハングリー精神と、彼らが生み出すイノベーションにある！

1016
日中対立
——習近平の中国をよむ
天児慧
大国主義へと突き進む共産党指導部は何を考えるのか？内部資料などをもとに、権力構造を細密に分析し、大きな変節点を迎える日中関係を大胆に読み解く。